자본주의 사회,
빈부격차는
당연한 걸까?

자본주의 사회, 빈부격차는 당연한 걸까?

논·서술형 대비 주제토론 수업 ①
부의 불평등

태지원 지음

(!!!) 글담출판

이 책이 청소년에게 다채로운 세상을 보여 주는 안경이 되기를

최근에 우연히 '지식소매상'이라는 유튜브에 소개된 한 학생의 서울대 논술 문제 답변을 보고 놀랐던 적이 있습니다.

조선시대 남한강 유역에 철도가 들어섰다. 이 지역 주민들이 겪은 변화는 무엇일까?

여러분이라면 어떤 대답을 했을 것 같나요? 대부분의 학원가 명강사들은 "뗏목꾼이나 포구의 여각, 객주들이 망했을 것"이라고 대답했다고 합니다. 배를 이용하는 사람이 줄어들 테니까요.

그런데 한 학생이 이렇게 대답했다고 합니다.

"시간의 이미지가 바뀌었다. 뗏목은 하루에도 여러 번 탈 기회가 있지만 당시 기차는 하루에 2번 운행하였고, 5분만 늦어도 반나절 늦은 것과 동일했을 것이다. 조선시대의 시간은 지금과 달리 자시(밤 11시~오전 1시), 축시(오전 1~3시)처럼 넓은 시간대를 표현했는데, 기차가 들어서면서 정확한 시간을 지켜야 했기 때문에 분 단위로 시간의 이미지가 바뀌었다."

놀랍지 않나요? 단순히 지식을 머릿속에 많이 쌓아 두는 건 무의미한 시대가 되어 가고 있습니다. 알고 싶은 내용을 인터넷 포털 사이트에 검색하거나 인공지능에 질문만 던져도 수많은 지식이 쏟아져 나옵니다. 심지어 인공지능이 사람의 암기력뿐 아니라 분석력, 추론 능력을 뛰어넘을 거라는 예측도 나오고 있지요. 그렇다 보니 정보의 바다에 뛰어들어 스스로 새로운 지식을 찾아내고, 나만의 물음을 던져 나름의 법을 찾는 것이 더욱 중요해졌습니다.

최근 바뀌고 있는 교육 과정이나 입시 개편안만 들여다봐도 이런 변화가 느껴집니다. 특히 이번 입시 개편안은 논·서술형 도입 여부로 발표 전부터 엄청난 화제였는데요. 아직 준비가 되지 않았다는 이유로 도입은 보류되었지만, 5지선다형 중심 평가는 더 이상 시대의 흐름에 맞지 않아 개선해야 한다는 생각에는 모두가 공감하고 있습니다. 비판적으로 사고하고, 다양한 사람들의 생각과 관점을 이해하고 존중하는 능력이 점점 중요해지고 있거든요. 이런 능력을 기르기 위해서는 답이 정해지지 않은 문제, 사람들의 찬반이 나뉘고 해결하기 어려운 문제에 대해 생각해 볼 필요가 있습니다. 정답이 없는 문제이기 때문에, 오히려 다양한 지식과 관점을 살펴보고, 배울 수 있기 때문입니다.

이 책은 이러한 능력을 기르는 데 중점을 두고 집필한 책입니다. 특히 여러 사회 이슈를 다루는 기존의 토론책과 달리 '부의 불평등'에 대해 집중적으로 다룹니다. 자본주의라는 질서 아래에서 우리가 마주하는 세상의 문제, 사회에 나타나는 크고 작은 갈등은 대다수 빈부격차와 같은 부의 불평등에 뿌리를 두고 있는 경우가 많기 때문입니다.

물론 이 주제는 중·고등학생들이 이해하기 어려운 면이 제법 많습니다. 일단 개념이나 용어부터 난해한 데다, 정치·사회·문화 등이 복잡하게 얽혀 있거든요. 이러한 어려움을 최대한 고려해서, 일상의 사례를 통해 논제에 대한 흥미를 돋우고 배경지식과 관련 개념을 충분히 들여다볼 수 있도록 구성했습니다. 그리고 이를 바탕으로 찬반의 근거를 정리해 보고 실전 토론을 해봅니다. 찬성과 반대의 입장을 함께 살펴봄으로써 생각의 폭이 넓어질 것입니다. 자연스럽게 논술과 서술형 문제는 물론, 주제 토론에도 도움을 얻을 수 있을 것입니다.

다양한 시선으로, 관점을 바꿔 가며 세상을 살펴봐야 할 때가 있습니다. 다채로운 안경을 바꿔 쓰며 주변을 바라보듯 말입니다. 그래야 내 주변을 둘러싼 우물 안을 벗어나 나와 다른 입장을 가진 사람들의 생각도 이해할 수 있고, 세상을 폭넓게 이해할 수 있으니까요. 경제적 불평등과 양극화가 중요한 사회 문제로 떠오르는 지금, 이 책이 청소년에게 다채로운 세상을 보여 주는 안경이 되었으면 하는 바람입니다.

2024년 5월
태지원

차례

1

자본주의 사회,
빈부격차는
당연한 걸까?

빈부격차는
자연스러운 현상이다

빈부격차는
정부의 개입으로 해결해야 한다

'유명인 OO, 강남의 50억짜리 고층 아파트 구매해', '세계 최고 부자 OOO, 수백조 원의 자산을 가진 것으로 나타나' 가끔 언론에 이런 기사가 나오곤 합니다. 반면 생활고에 시달려 힘들게 생활하거나 극단적 선택을 하는 사람들의 기사도 종종 등장합니다. 누군가가 평생 벌어도 누리기 어려운 재산을 가진 사람과 가난에 허덕이는 사람들이 등장하는 기사를 번갈아 보면 '세상은 공평한 건가'라는 의문이 솟기도 합니다.

엄청난 부자와 가난한 사람들 이야기가 아니더라도 비슷한 의문이 생길 때가 있습니다. 직업에 따른 소득을 접할 때 그렇지요. 가령 보건복지부에 따르면 의사의 평균 연봉은 약 2억 6,000만 원(2020년 기준)으로 다른 근로자 평균 연봉의 네 배에서 일곱 배가 될 정도로 높다고 합니다. 이런 현상이 옳은지 그른지 사람마다 의견이 다릅니다. 어떤 사람은 열심히 공부해서 의대에 들어가 많은 학비를 내며 오랫동안 공부하고 수련했으니 그렇게 쌓은 능력만큼 경제적 대우를 받는 게 당연하다고 생각합니다. 반면 필요한 능력과 노력을 감안하더라도 의사가 다른 직업에 비해 유독 소득이 높은 것이 불공정하다고 주장하는 사람도 있습니다. 사실 빈부 격차나 소득 차이에 대한 질문은 알고 보면 오래전부터 이어져 왔습니다.

자본주의와 부르주아

국제적 불평등에 대해 조사한 세계불평등데이터베이스의 통계 결과를 보면, 한국에서는 소득 상위 1퍼센트가 나라 전체 부富의 25퍼센트를 차지하고 있지만, 하위 50퍼센트가 소유한 재산은 2퍼센트에도 못 미칩니다. 한국의 전체 인구를 100명이라고 가정하면 파이 100조각 중 가장 부유한 1명이 25조각을 차지하고, 하위 50명이 겨우 2조각을 나눠 갖고 있다는 의미입니다.

이처럼 우리가 살아가는 세상은 '많은 몫을 가진 사람'과 '적은 몫을 가진 사람들'로 나뉘어 있습니다. 이 중 많은 몫을 가지고 부유하게 살아가는 계층을 부르주아(Bourgeois, 프랑스어로 '성 안에 사는 사람들'이란 뜻)라고 부릅니다. 부르주아의 기원은 중세 말 유럽까지 거슬러 올라갈 수 있습니다. 중세 시대, 부르주아는 상업과 수공업 등 자유로운 경제 활동을 하며 돈을 번 평민 계층이었습니다. 중세 말부터 물건을 만들거나 장사를 하며 서서히 경제력을 키워 온 이 계층은 산업혁명이라는 거대한 사건이 일어나면서 본격적으로 사회를 주도하는 세력으로 떠오릅니다. 기계가 발명되고 상품의 대량생산이 가능해지자 이들은 그동안 쌓아 온 재산으로 토지와 기계 설비를 사들이고 공장을 세웠습니다. 때마침 도시화가 진행되면서 농촌에서 일자리를 찾으러 온 사람들이 많았고, 이들을 노동자로 고용할 수 있었습니다. 부르주아는 노동자를 고용하고 공장에서 상품을 대량으로 생산하며 경제력을 키워 갔고, 점차 사회를 이끌어 가는 계층이 되었습니다.

개인의 이득을 좇는 게 뭐가 나빠? 자유방임주의

산업혁명이 일어나고 부르주아가 본격적으로 사회 주도 세력으로 떠오르던 시기, 영국에서는 훗날 세계 경제에 큰 영향을 미친 책이 탄생했습니다. 경제학의 아버지라 불리는 애덤 스미스가 쓴 『국부론』입니다. 스미스는 '왕이 상업이나 무역에 간섭하지 않고 각자가 자신의 부를 쌓기 위해 노력하도록 내버려 두는 게 바람직하다'고 주장했습니다. 국가가 자유로운 경제 활동을 보장한다면 정육점 주인이 열심히 고기를 내다 팔고, 빵집주인이 치열하게 빵을 만들어 팔아 소비자들은 결국 품질 좋으면서도 적절한 가격의 상품을 살 수 있으니, 모두가 만족스러운 상태가 된다는 것이지요. 더불어 개인이 이익을 추구하는 가운데 나라 전체의 생산, 소비, 분배까지 활발히 이루어지면서 국가가 자연스럽게 부를 쌓아 나가게 됩니다. 그러니 왕이나 정부가 군이 간섭하지 말고 시장의 수요와 공급에 따라 자연스럽게 해결하도록 놓아 두라는 것이 애덤 스미스의 주요한 주장이었습니다. 이 때문에 그의 이론은 '자유방임주의'라고 불리기도 합니다.

　자유방임주의는 부르주아가 자본을 쌓아 가는 데에도 도움을 주었습니다. 자유롭게 이윤을 추구할 수 있었기 때문이지요. 덕분에 부르주아는 사회 주도 세력이 되었고, 지금도 부자를 이르는 명칭이 되었습니다.

　그런데 일을 하지 않아도 잘 먹고살 수 있는 부르주아 계층이 성장하는 동안 또 다른 문제가 생겨났습니다.

다 함께 잘살아야지! 사회주의

　산업혁명이 일어나고 자본주의가 발전하면서 인류는 배고픔을 벗어났습니다. 사람들이 누릴 수 있는 시량을 파이에 비유하면, 산업혁명과 자본주의의 발달 이후 파이의 크기 자체가 늘어난 겁니다. 그러나 모든 사람에게 공평하게 파이가 돌아간 건 아니었습니다. 부르주아는 공장을 운영하며 더 큰 부자가 되었지만, 그 공장에서 일하는 사람들은 여전히 굶주림 속에서 오랜 시간 공장에서 일하며 비참한 현실을 감내해야 했습니다. 산업 혁명이 가장 먼저 일어난 영국의 노동 실태 조사 보고서에 따르면 1830년대 한 노동자는 새벽 3시부터 밤 10시까지 총 19시간을 일하면서 고작 1시간을 휴식 시간으로 쓸 수 있었습니다. 여섯 살 때부터 일을 해야 했던 그는 조금만 게으름을 피워도 채찍질까지 당했습니다.

이런 자본주의의 불평등한 현실에 의문을 품은 인물이 있었습니다. 카를 마르크스라는 독일 출신 경제학자였습니다. 마르크스는 영국의 산업 사회를 살펴보며 『자본론』이라는 유명한 책을 남겼습니다. 그에 따르면 자본주의 사회에는 땅이나 기계 설비, 자본 같은 생산 수단을 가진 부르주아 계층이 있고, 지배당하는 계층인 노동자가 있습니다. 두 집단 사이에서 힘의 크기는 확연히 달랐습니다.

마르크스의 의견을 따라가 보자면, 자본주의 안에서 빈부격차가 생기는 건 개인의 자질과 능력이 다르기 때문이 아닙니다. 세상이 애초부터 자본가에게 유리한 구조로 이루어져 있고, 이는 경제적 불평등을 불러옵니다. 노동자는 자신의 노동력과 시간을 바쳐 임금을 받아야만 생계를 이어갈 수 있습니다. 반면 임금을 주는 자본가는 자신의 이윤을 늘려 재산을 축적하려 노력합니다. 어떻게 하면 이윤을 더 많이 남길 수 있을까요? 최선의 방법이 바로 비용을 줄이는 것입니다. 노동자에게 주는 임금도 비용이니, 이를 아끼기 위해 오랜 시간 일을 시키고 임금은 딱 먹고살 만큼만 줍니다. 이렇게 노동자를 착취하면서 자본가는 계속 자본을 쌓아 가고, 노동자들은 필요한 상품을 살 능력을 점차 잃어 갑니다. 임금노동자는 자본가에 비해 불리한 달리기를 하며 평생 착취당하는 입장이 될 수밖에 없지요. 이 때문에 자본주의의 빈부격차는 점점 더 심해질 수밖에 없다는 것이 마르크스의 의견이었습니다.

빈부격차, 어떻게 바라봐야 할까?

자본주의와 사회주의는 서로 반대되는 생각을 품고 있었지만, 둘 다 완벽한 사상은 아니었습니다. 따라서 현실에서 나타나는 문제를 해결하기 위해 서로의 장점을 받아들이기도 했습니다. 자본주의 사회에서 빈부격차 문제를 해결하기 위해 국가가 적극적으로 경제에 개입한 시기도 있었고, 자유방임 시기처럼 자연스럽게 시장이 해결하도록 놓아둔 시기도 있었습니다.

그동안 다양한 시도를 해왔지만, 21세기 자본주의 사회에서도 빈부격차는 여전히 이어지고 있습니다. 한 신문기사에 따르면 서울 강남구의 2021년 가구당 연평균 소득은 1억 5,641만 원인데, 이것은 전국 평균 소득인 5,469만 원의 약 세 배에 달하는 액수입니다. 반면 전남 무안군의 가구당 연평균 소득은 2,448만 원으로, 전국 평균의 절반에도 미치지 못했습니다. 지역에 따라서도 큰 차이가 나타나지요. 이제 빈부격차를 넘어 세상이 소수의 부자와 다수의 가난한 계층으로 나뉘는 양극화 세상이 온다는 이야기도 들려옵니다.

빈부격차를 바라보는 시각이 무엇보다 중요해졌습니다. 그에 따라 사회의 제도나 모습, 정부의 역할이 달라지기 때문입니다. 자유방임주의가 대세를 이루었을 때처럼 모두가 자신의 이익을 위해 노력하는 가운데 자연스럽게 자본주의가 발달하고 국가의 부가 커진다고 생각한다면, 빈부격차는 나타날 수밖에 없는 필요악이 됩니다. 이 경우 자유로운 경쟁과 보상에 의해 경제 발전을 이뤄 모두가 잘사는 사회를 만드는 게 우선 과제가 됩니다. 반면 불평등한 사회 구조 때문에 빈부격차가 나타나는 것이라면, 이를 해결하려는 적극적인 움직임이나 정부의 노력이 필요하다는 결론에 이릅니다.

✅ **자본주의** 토지나 기계, 자본 등의 생산 수단을 개인이 소유할 수 있고, 개인이나 기업이 경제적 이익을 추구하며 생산물과 생산 방법을 자유롭게 결정할 수 있는 경제 체제.

✅ **양극화** 빈익빈 부익부 현상이 심해져서 사회의 중간 계층이 줄어들고 사회의 계층이 소수의 상류층과 다수의 하위층으로 나뉘는 현상.

✅ **복지정책** 국민이 행복한 삶을 누릴 수 있도록 정부가 펼치는 정책.

✅ **부르주아** 생산 수단을 소유하고 노동자를 고용하여 이윤을 얻는 계급.

✅ **산업혁명** 17세기 후반 기계 발명과 기술 발달에서 비롯된 사회 변화. 산업혁명을 통해 주요 산업이 농업에서 공장제 기계공업으로 바뀌고 부르주아가 자본을 축적하며 사회 주도 세력으로 떠오르는 계기가 되었다.

✅ **사회주의** 개인의 의사와 자유보다 생산 수단을 사회화하여 사회 전체의 이익을 중시하는 사상.

✅ **자유방임주의** '방임'은 그대로 놓아둠을 뜻한다. 즉 정부가 경제에 개입하지 않고, 시장의 수요와 공급을 통해 자연스럽게 경제 문제를 해결해 가는 초기 자본주의의 한 모습.

"빈부격차는 자연스러운 현상이다"

1. 빈부격차는 개인의 능력과 노력 차이로 나타나는 어쩔 수 없는 현상이다

많은 사람이 좋은 직업을 갖거나 경제적으로 윤택해지고 높은 지위에 오르고 싶어 합니다. 하지만 사회의 자원이 한정되어 있기 때문에 모두가 그렇게 되기는 어렵지요. 사람마다 타고난 성격이나 외모, 체력이 다르듯이 재능도 사람마다 다릅니다. 애초에 타고난 재능과 능력이 다르니 같은 일을 해도 성과에 차이가 있을 수밖에 없습니다. 여기에 개인이 노력까지 한다면 다른 사람보다 더 많은 것을 성취할 수밖에 없겠지요.

예를 들어 의사는 진료와 치료라는 중요한 행위를 합니다. 의사가 되려면 누구보다도 열심히 공부하고, 많은 시간을 투자하고 노력을 기울여야 하지요. 의사가 되어 그에 합당한 사회적 지위와 대우를 받는 것이 당연합니다.

이처럼 자본주의 사회에서는 중요한 일을 한 사람, 많은 노력을 기울인 사람이 더 높은 지위를 차지하고 합당한 보상을 받는 것이 자연스러우며, 공정한 결과입니다. 빈부격차는 그 과정에서 나타나는 자연스러운 현상입니다. 한정된 자원을 나누어가져야 하는 건 인간 사회에서 어쩔 수 없이 나타나는 상황입니다. 사람들 사이에 경제적 격차가 있을 수밖에 없다는 사실을 인정해야 합니다.

2. 빈부격차를 인위적으로 해결하려는 노력은
경제 활동의 의욕을 꺾는다

정부가 개입해 빈부격차를 인위적으로 해결해 보려는 노력은 실패하기 쉽습니다. 자본주의 국가에서는 소득재분배를 위해 부유층에게 세금을 더 많이 거두고 이 돈으로 서민층이나 빈곤층을 돕는 방식을 씁니다. 그러나 소득재분배 방식은 부작용을 불러오기 쉽습니다.

제2차 세계대전 이후 영국에서 나타난 '영국병'이 대표적인 예입니다. 당시 영국 정부는 '요람에서 무덤까지 국민의 생활을 책임진다'는 구호를 내세우며 복지 지출을 과도하게 늘렸습니다. 결혼 수당, 임신 수당, 아동 수당, 장례 수당, 무료 시술 등 국민의 전 생애에 걸쳐 복지 정책을 실시했습니다. 긍정적인 결과가 나타났을까요? 그렇지 않습니다. 열심히 일하지 않아도 국가에서 도움을 주니 사람들은 근로 의욕을 잃었습니다. 노동조합의 파업도 빈번히 일어나 사회 전체의 생산성과 활력이 떨어졌지요. 나라 살림의 지출만 늘어나고, 경제 성장도 놓치는 결과를 낳았습니다.

소득재분배를 위해 세금을 많이 걷는 것도 문제가 될 수 있습니다. 기업들이 높은 세금을 피하기 위해 해외로 빠져나가거나 투자와 고용을 줄일 수 있습니다. 또 부유층이 높은 세율 때문에 탈세를 하거나 해외로 망명하는 경우가 생깁니다. 2012년 프랑스 정부가 고소득층에게 최고 75퍼센트의 높은 세율을 매기기로 결정했을 때 대략 250만 명에 달하는 프랑스 부유층이 벨기에나 영국 등 이웃 나라로 넘어간 사건이 있었습니다. 많은 자원과 전문성을 가진 기업인, 배우 등이 해외로 빠져나가는 건 국가 입장에서도 손해입니다. 2015년 프랑스 정부는 최고세율을 45퍼센트로 내렸지만 이미 많은 사람이 프랑스를 떠난 뒤였습니다. 세금을 더 많이 거두고 소득을 재분배해 빈부격차를 없애겠다고 생각하지만, 오히려 이 때문에 전문성이나 많은 자원을 가진 부유층은 국기를 떠나고, 시민과 빈곤층은 일할 의욕을 잃어 경제의 혁신도 어렵고 기술 발전의 속도도 느려지기 쉽습니다.

3. 자유로운 경쟁과 보상이 있어야
사회가 발전한다

미국의 부자인 테슬라의 일론 머스크, 아마존의 제프 베이조스, 마이크로소프트의 창업자 빌 게이츠는 현재 4차 산업혁명을 선두에서 이끌고 있는 기업가들입니다. 무엇이 이들을 혁신의 길로 이끌었을까요? 바로 자유로운 사고와 경쟁입니다. 이들은 새로운 발상을 현실화하고, 열린 시장에서 자유롭게 경쟁하면서 더욱 발전해 나갑니다. 이는 고스란히 엄청난 성과와 보상으로 이어지고, 이를 기반으로 기술과 경영 면에서 새로운 차원으로 다시 나아갑니다. 그리고 이들이 시장에 내놓은 기술과 상품은 사회가 발전하는 데 일조합니다. 모두 자유로운 경쟁과 보상이 있기에 가능한 것입니다.

"빈부격차는 정부의 개입으로 해결해야 한다"

1. 빈부격차는 개인의 능력이 아니라 사회 구조 때문에 나타나는 현상이다

얼핏 보면 개인의 능력과 노력에 따라 빈부격차가 발생하는 깃 같지만 꼭 그렇지만은 않습니다. 애초에 사회 구조가 부자에게 유리하게 만들어져 있고, 잘사는 집안의 자녀가 더 좋은 교육을 받고 풍족한 환경에서 생활하며 부가 대물림되고 있기 때문입니다.

만 7~18세 자녀를 둔 부모의 사교육비를 조사한 2023 통계청 발표에 따르면 소득 상위 20퍼센트의 사교육비가 하위 20퍼센트의 여덟 배라고 합니다. 이렇게 추가 학습 기회를 더 많이 누린 아이들은 더 좋은 대학에 진학할 확률이 높습니다. 실제로 우리나라 명문대 재학생 중 절반 이상은 부모 소득이 상위 20퍼센트에 속한다는 조사 결과도 있습니다. 자본주의 사회가 능력과 노력에 따라 부를 성취하는 것처럼 보이지만 실제로는 부자와 가난한 사람의 출발선과 기회가 다르기에 나타나는 현상입니다.

2. 심각한 빈부격차는 정부가 개입해 해결해야 한다

복지 제도는 언제부터 본격적으로 발전했을까요? 이전에도 복지 제도가 있었지만 1930년대 미국 대공황이 커다란 계기가 되었습니다. 대공황이란 경제 활동이 급격히 감소하고 실업률이 상승하는 등 경제적 어려움을 겪는 것을 의미합니다.

대공황이 발생한 요인에는 여러 가지가 있지만, 그중 하나가 빈부격차입니다. 자본주의는 기업이 생산을 하더라도 그 상품을 누군가가 구매해야 돌아가는 속성을 가집니다. 결국 소비 침체가 생산 침체로 이어지면서 경제에 타격을 입힙니다. 그동안 대기업은 기계의 발달과 원료의 확대로 성장했지만, 정작 그 물건을 살 수 있는 서민의 경제력이 충분하지 않았습니다. 그런데 빈부격차가 심각해지면서 사회 구성원 중 대다수가 상품을 여유롭게 살 경제력을 잃어버리고 소비가 줄었습니다. 생산을 해도 상품이 팔리지 않아 경제가 침체되는 현상이 나타난 것입니다.

이를 해결하기 위해 미국은 노동자의 임금을 최저 수준으로 보장하거나, 노동자가 빈곤층으로 떨어지지 않도록 국가에서 보장하는 보험을 운영하거나, 저소득층을 돕는 제도를 실시했습니다. 덕분에 경제 활동의 활기를 되찾을 수 있었지요. 이로써 빈부격차를 줄이려는 노력이 경제 전체에도 중요한 일이라는 사실을 알 수 있습니다.

3. 불공평한 분배는
경제 성장의 걸림돌이 될 수 있다

빈부격차는 결국 경제 발전을 위한 활력을 빼앗고 가로막습니다. 브라질에는 가난한 사람들이 모여 사는 '파벨라'라는 빈민가가 있습니다. 이곳은 전기나 수도가 제대로 들어오지 않습니다. 마약을 거래하는 조직의 총격전 소리가 들려오는 동네입니다.

국제연합 식량농업기구의 발표에 따르면 브라질은 2019~2021년 빈곤층 비율이 28.9퍼센트에 이를 정도로 가난한 국민의 비율이 높습니다. 브라질은 포르투갈의 식민지였던 시대부터 노예제도가 시행된 나라입니다. 포르투갈에서 온 백인들은 흑인과 원주민을 착취했고, 그로 인해 경제적 불평등이 심했습니다. 독립 이후에도 독재정권이 이어지면서 경제적 불평등이 더욱 심화되었습니다. 1970년대까지는 경제가 눈부시게 성장했지만 군부독재와 부정부패가 이어지면서 식민지 시대 때부터 시작된 빈부격차를 해결하지 못해 국민 전체의 소득이 늘지 않았고, 사회 불안정이 심해졌습니다. 결국 경제 성장을 이끌어내는 데 실패했지요. 브라질 정부의 통계기관에서 밝힌 바에 따르면 소득 상위 1퍼센트의 국민이 약 789만 원을 벌어 브라질 총소득의 23.8퍼센트를 가져가는 반면, 하위 절반 정도의 국민은 한 달 평균 약 23만 원의 수입으로 생활한다고 합니다.

브라질의 사례를 앨버트 허시먼의 '터널 효과' 이론으로 설명할 수 있습니다. 경제 성장 초기의 개발도상국은 빠르게 경제 규모를 키워 나가는 것이 주요 과제입니다. 그래서 처음에는 분배보다 전체 경제 성장에 초점을 맞춥니다.

후진국에서 선진국으로 발전하는 과정을 편도 2차로의 터널을 벗어나는 것에 비유해 볼까요. 만약 한쪽 차선의 차들만 빨리 빠지고 다른 쪽 차선의 차들은 움직이지 못한다면 어떤 일이 벌어질까요? 움직이지 못하는 차선에 있는 운전자들은 옆 차선에 마구 끼어들거나 교통경찰에게 불만을 터트리겠지요. 결국 차들이 뒤엉켜 모두가 터널을 빠져나가기 힘들어집니다. 이와 비슷한 일이 현재 전 세계 곳곳의 자본주의 국가에서 벌어지고 있습니다. 경제 규모가 커져도 분배가 이루어지지 않고 빈부격차가 커지면 노동자는 일할 의욕을 잃게 됩니다. 계층 간 갈등이 심해지고 사회에 대한 좌절감과 불만으로 범죄가 늘어나 사

회 통합까지 어려워집니다. 결국 경제에 악영향을 끼쳐 경제 성
장까지 가로막습니다. 따라서 안정적인 사회를 유지하고 지속
적인 경제 발전을 이루기 위해서는 사회적 재분배를 고민해야
합니다.

본격 토론을 해봅시다

사회자　　김자유　　이평등

안녕하십니까. 오늘 '부의 불평등' 토론반에서는 '자본주의 사회, 빈부격차는 당연한 걸까?'를 주제로 이야기를 나누어 보려 합니다. 자본주의 사회는 개인이 능력에 따라 부를 쌓고 그 부를 통해 성취를 이루는 것을 인정합니다. 사유재산 또한 인정하지요. 그러나 개인이 가신 사유재산의 정도가 다르므로 빈부격차는 꾸준히 나타나고 있습니다. 그렇다면 자본주의 사회의 빈부격차는 당연한 현상으로 봐야 할까요? 오늘 참석해 주신 김자유 씨와 이평등 씨의 토론을 들어 보겠습니다.

안녕하세요. 저는 자본주의 사회의 빈부격차는 당연한 현상이라고 생각합니다. 돈이나 높은 지위 등, 세상에는 희소한 자원이 있습니다. 욕망하는 사람 수에 비해 자원이 부족하기에 누군가는 더 갖고 누군가는 덜 가질 수밖에 없습니다. 모든 사람이 자신이 원하는 만큼 자원을 나눠 가지는 공평한 세상이 지금껏 역사에 존재했던가요? 원시시대부터 지금까지 어떤 식으로든 불평등과 빈부격차는 있었습니다. 자본주의는 개인의 자질과 능력, 노력이라는 공정한 기준에 따라 희소 자원을 분배하는 체제이기 때문에 지금까지 살아남은 것입니다.

 물론 현실에서 빈부격차를 완전히 없애기 어렵다는 의견에는 동의합니다. 그렇지만 현재의 자본주의 체제에서 정말 개인의 능력과 노력에 따라 공평하게 자원을 나누고 있나요? 애초에 능력을 제대로 발휘할 수 있는 것도 사회적 환경이 뒷받침되어야 가능한 일입니다. 우리나라의 예를 들어 볼까요? 과거에는 열심히 공부해 좋은 대학에 들어가거나 좋은 직업을 얻어 위로 올라갈 수 있는 계층 사다리가 있었습니다. 그렇지만 이제는 부모의 재력을 기반으로 한 사교육의 혜택이나 입시 정보 없이는 좋은 대학에 가거나 전문직이나 안정된 일자리를 얻기 힘들어졌습니다. 불공평한 사회 구조 때문에 능력과 노력을 발휘할 기회도 불공평하게 나뉘고 있습니다. 능력과 노력이라는 기준은 눈속임일 뿐이지요.

개인 간 능력의 차이를 인정하지 않고 빈부격차를 사회 구조의 탓으로 돌린다고 해서 경제적 불평등이 해결되지 않습니다. 보상과 경쟁의 힘을 인정할 필요가 있습니다. 영국의 프리미어 리그에서 뛰는 손흥민 선수는 1주에 3억 4,000만 원 정도를 받는다고 합니다(2023년 기준). 이는 손흥민 선수가 뛰어난 성적을 올리려고 노력한 덕분이고, 정당한 보상이 있었기에 축구 실력도 발전했다고 생각합니다. 세계적인 자수성가형 부자들을 봐도 마찬가지입니다. 테슬라의 일론 머스크나 아마존의 제프 베이조스를 보세요. 세상을 이끌어 가는 기업가들이 재능을 발휘하여 새로운 기술을 만들어 냈고 그 덕분에 세계적인 부자가 되었습니다. 이분만이 아닙니다. 이들의 활약 덕분에 경제가 발전하고 4차 산업혁명이 이루어지고 있습니다. 이건 모두 자유와 경쟁, 능력에 따른 보상을 인정한 덕분입니다.

김자유 씨가 말씀하신 세계적인 기업가들은 극히 소수의 예일 뿐입니다. 모든 사람이 노력만으로 자수성가해서 커다란 부자가 될 수 있는 세상인가요? 오히려 빈부격차가 더욱 심각해져서 사회가 양극단으로 나뉘는 양극화 사회로 접어들었습니다. 차이가 더 벌어진 겁니다. 코로나바이러스감염증-19(이후 코로나19로 명칭)가 유행할 당시 세계 부자들이 호화 크루즈로 세계여행을 다닐 때 수백만 명의 사람들은 백신을 맞지 못하거나 굶주림에 죽어 갔습니다. 2023년 한국보건사회연구원에서 발표한 조사 결과에 따르면 우리나라 상위 1퍼센트가 전체 자산의 10.9퍼센트, 상위 10퍼센트가 전체 자산의 43.2 퍼센트를 가지고 있다고 합니다. 양극화가 심각해질수록 소수의 부자 외에는 기본적인 삶의 질을 누리기조차 힘든 사회가 될 겁니다. 이제 불평등을 당연하게 보지 않고 줄이려는 노력이 필요한 때입니다.

그렇다면 이평등 씨 말대로 빈부격차를 인위적으로 해결하려는 노력이 성과를 본 적 있나요? 정부가 빈부격차를 인위적으로 해결하려고 소득재분배 정책을 펼치다가 부작용을 불러온 예가 많습니다. 1970년대 '요람에서 무덤까지' 국민의 생활을 책임지겠다고 했던 영국의 경우, 복지에 과도한 돈을 쓰면서 생산성이 낮아져 경제 성장이 더뎌지는 결과를 낳았습니다. 복지 혜택이 과하게 주어지자 사람들은 일하지 않아도 생활할 수 있다고 생각해 노동 의욕이 줄어들기도 했지요. 결국 '영국병'이라 불릴 만큼 심각한 경기(나라 경제의 흐름) 침체를 가져왔습니다.

대다수의 사람은 지금보다 더 나은 삶을 살길 바라는 욕망을 품고 있습니다. 이런 욕망을 내리누르면 부작용으로 경제 성장이 가로막히는 겁니다. 인간의 자연스러운 욕망, 이기심이라는 본성을 인정하는 가운데, 경제를 이끌어가야 발전이 있고 모두의 삶이 나아집니다. 빈부격차를 자연스럽게 인정하고 성장 중심으로 경제정책을 펼치다 보면 빈부격차는 자연스럽게 줄어들 거라 생각합니다.

자본주의 사회의 규칙이 완벽하고 공정하게 돌아간다면 김자유 씨의 말씀대로 빈부격차가 줄어들 수 있겠지요. 그렇지만 현재의 세상은 그렇지 않습니다. 오히려 빈부격차가 경제 성장의 발목을 잡고 더 불평등한 세상을 만들고 있습니다. 남미 국가 브라질에는 가난한 사람들이 모여 사는 파벨라라는 빈민가가 있습니다. 전기나 수도조차 제대로 들어오지 않는 곳이지요. 이런 빈곤 지역에 사는 사람들은 정상적인 방법으로 돈을 벌기가 어려워

절도나 강도 등 범죄의 길로 빠지기 쉽습니다. 이러한 이유 때문에 치안이 좋지 않아 부유층은 방탄차나 헬리콥터 택시를 타고 출퇴근을 하는 경우가 흔하다고 합니다. 브라질의 예에서 볼 수 있듯이 경제적 불평등이 사회 갈등과 범죄를 불러옵니다.

또 빈부격차가 심해지면 경제 성장에도 악영향을 끼칩니다. 자본주의는 기업이 상품을 생산하고 그 상품을 누군가가 사 주어야 제대로 움직이는 체제입니다. 그렇지만 자본주의의 빈부격차를 당연하다고 생각하고 그대로 내버려두면 소수의 부자들을 제외한 대다수의 사람이 가난해져 물건을 구매할 경제력이 줄어듭니다. 상품이 팔리지 않아 재고가 쌓이고 기업은 생산량을 줄이겠죠. 이런 과정을 거치면서 경기 침체는 더욱 심각해질 겁니다.

네, 긴 시간 함께해 주신 두 분께 감사드립니다. 이제 마칠 시간이 되었는데, 두 분 마무리 발언 해주시죠.

앞서 말씀드렸다시피 빈부격차는 자본주의 체제에서 어쩔 수 없이 나타나는 현상입니다. 불평등이 존재하지 않는 세상은 없습니다. 이제는 그 현실을 직시하고 자유로운 경쟁과 보상을 바탕에 둔 자본주의의 장점을 인정해야 할 때입니다. 그래야 보다 많은 사람이 열심히 일하고 모두가 잘사는 세상을 만들 수 있습니다.

이미 자본주의의 빈부격차는 저절로 놔두면 해결할 수 있는 수준을 넘어섰습니다. 언젠가는 우리 사회 자체를 위협할 겁니다. 빈익빈 부익부 현상을 당연하게 보지 않고 부자들에게 세금을 더 많이 걷고 가난한 이들을 적극적으로 돕는 방법을 정부가 모색하기를 바랍니다.

1. 책의 내용을 보며 다음 빈칸을 채워 보자.

- (   )에서는 이윤 추구를 위해 기업이나 개인이 자유롭게 경제 활동의 의사결정을 하며, 개인의 생산수단 소유를 인정한다.

- 빈익빈 부익부 현상이 심해지면서 소수의 부자와 다수의 가난한 사람들로 사회의 계층이 나뉘는 현상을 (   )이/라 한다.

- (   )이/란 평등을 위해 정부가 생산수단을 가지고 움직이는 경제 체제를 말한다.

- 정부가 경제에 간섭하지 않고, 시장의 수요와 공급을 통해 자연스럽게 경제 문제를 해결해 가는 초기 자본주의의 모습을 (   )이/라 한다.

- (   )란 '성안에 사는 사람들'을 뜻하는 프랑스어로, 중세 말 상업과 수공업에 종사하던 평민이었지만 자본주의가 발달하면서 사회의 주도 계층이 된 자본가를 말한다.

2. 토론 내용을 보고 찬성과 반대 입장의 주장과 그 근거를 간단히 정리해 보자.

- 자본주의 사회, 빈부격차를 내버려 둬야 할까?

- 찬성

- 반대

3. 자본주의 사회의 빈부격차에 대한 나의 생각을 정리해 보자.

- 나는 자본주의 사회의 빈부격차에 대해 _____
  라고 생각한다.
  왜냐하면

  _____

  _____

  _____

  _____

  _____

  _____

  _____

2

기본소득은
빈부격차를
줄일 수 있을까?

기본소득 제도는
빈부격차를 줄여 준다

기본소득 제도는
빈부격차를 심화한다

"오늘 이 물건, 공짜로 드립니다!"

어쩌다 공짜로 무언가를 얻으면 기분이 좋아지곤 합니다. 그런데 누군가가 공짜로 돈을 나눠 준다면 어떤 마음이 들까요? 그것도 학교 매점에서 이용 가능한 돈을 나눠 준다면 어떨까요. 가상의 일이 아닙니다. 실제로 학생들에게 이런 혜택을 주는 학교가 있습니다. 충북의 한 초등학교 이야기입니다. 이 학교에서는 월요일마다 교실 앞 복도에 전교생의 이름이 적힌 봉투가 걸립니다. 봉투 안에는 3,000원이라고 적힌 화폐 모양의 종이가 들어 있습니다. 일종의 매점 쿠폰이지요. 학생들은 이 쿠폰으로 학용품이나 음료수, 과자 등을 구매할 수 있습니다. 가정 형편이 어렵거나 용돈을 받지 못하는 아이들도 매점에서 원하는 물건을 자유롭게 살 수 있도록 학부모, 교사, 지역 주민들이 힘을 모아 마련한 제도입니다. 이 쿠폰에는 '어린이 기본소득'이라는 특별한 이름이 붙었습니다. '용돈'에는 어른이 아이에게 주는 돈이라는 의미가 담겨 있으므로, 어린이들이 당당하게 쿠폰을 사용하라는 뜻으로 '기본소득'이라는 이름을 붙인 것이지요.

사실 기본소득은 이 학교에서 만든 이름이 아닙니다. 현재 전 세계에서 실험하고 논의 중인 제도의 이름이지요. 앞서 소개한 사례에서는 학교 매점에서만 쓸 수 있는 쿠폰을 주지만, 기본소득 제도에서는 실제 유통되는 현금을 줍니다. '아무 조건도 대가도 없이 나라에서 국민 모두에게 정기적으로 나눠 주는 현금'이지요. 일반적으로 '소득'은 일해서 벌어들이는 돈을 의미하지만, 기본소득은 어떠한 조건도 없이, 일하지 않아도 모든 국민에게 공평하게 주는 돈이라는 점에서 새롭습니다.

기본소득, 일하지 않아도 돈을 준다고?

기본소득은 최근 몇 년간 전 세계에서 주요 이슈로 떠올랐습니다. 세상의 변화가 그 원인입니다. 4차 산업혁명으로 인공지능과 로봇 기술이 크게 발전하면서 많은 일자리가 사라지고 있습니다. 이에 따라 국민의 삶의 질을 보장하는 복지 제도도 변해야 한다는 요구가 커지고 있습니다.

지금까지 전 세계 나라의 복지 제도는 많은 사람이 일해서 소득을 얻는다는 가정 아래 운영되었습니다. 병원에 갈 때 적용되는 의료보험을 예로 들어 보겠습니다. 질병이나 부상으로 인해 병원에서 치료를 받을 때 돈이 많이 들 수 있습니다. 그래서 가게를 운영하거나 직장에서 일해 소득이 있는 사람은 의료보험에 의무적으로 가입해 모두 일정한 비율로 보험료를 냅니다. 이 보험료는 병원에 가서 치료를 받을 때 필요한 비용을 보장하는 데 사용됩니다. 소득이 있는 사람 모두가 함께 나눠 부담하니 한꺼번에 드는 돈이 적어지지요.

지금까지 대부분의 나라에서는 이런 방식으로 복지 제도를 운영해 왔습니다. 근로소득자와 사업소득자를 대상으로 소득의 일정 부분을 거두어 의료보험이나 연금 제도를 실시하고, 자립해서 일하기 어려운 사람에게는 거두어들인 세금을 사용해 생활비나 의료 서비스 등을 지원해 주었습니다. 그렇지만 앞으로 사람들의 일자리가 점차 사라지게 되면 세금이나 의료보험료를 낼 사람도 줄어들어 현재 방식으로 복지 제도를 운영하기가 어려워질 것입니다.

이런 맥락에서 더 이상 '일해서 벌어들인 소득'이 아닌, 일하지 않아도 아무 조건 없이 지급하는 기본소득이 필요하다는 주장이 나오고 있습니다. 기본소득은 전 세계에서 현재 이루어지고 있는 복지 제도와 실시 절차가 다릅니다. 예를 들어 경제 사정이 어려운 사람들을 도와주는 기초생활보장제도는 소득이 일정 수준 이하인 사람을 선별하는 절차를 거쳐서 대상을 선정합니다. 이 과정에서 지원을 받고자 하는 사람들은 자신이 얼마나 경제적으로 어려운지 증명하는 서류를 내야 합니다. 물론 꼭 필요한 절차이지만 가난한 사람이라는 낙인이 찍히거나 돈이 없음을 증명하는 게 싫어서 아예 신청하지 않는 사람이 생길 가능성도 있습니다. 그뿐만 아니라 나라에서도 도움을 줄 사람들을 선별하는 과정에 비용과 시간을 들여야 합니다.

반면 기본소득 제도에서는 이러한 선별 과정 없이 전 국민에게 무조건 그리고 정기적으로 현금을 지급합니다. 그래서 '소득'이라는 이름이 붙었지요. 쿠폰이나 현물이 아니라 현금으로 받기 때문에 사람들이 원하는 대로 쓸 수 있다는 것이 특징입니다.

기본소득, 오래전부터 사람들이 생각해 온 아이디어

기본소득이 마치 소설이나 영화에나 나올 법한 이야기 같겠지만, 사실 그 역사는 오래되었습니다. 16세기 영국 법률가이자 정치가 토머스 모어가 기본소득 제도를 생각한 적이 있습니다. 그가 쓴 책 『유토피아』에는 도둑을 줄이려면 처벌 수준을 높이는 대신, 생활이 어려운 사람들에게 약간의 생계 수단을 제공하라는 이야기가 실려 있습니다.

18세기 미국의 정치혁명가이자 미국 독립에 기여한 사상가 토머스 페인도 기본소득을 주장했습니다. 그는 땅을 가진 모든 사람에게서 세금을 걷어 미국 국민 모두에게 일정 금액의 소득을 지속적으로 주자고 말했습니다. 페인은 땅과 물, 공기 등은 사람이 인위적으로 만들어 낸 것이 아니라 자연이 우리에게 준 선물이라고 보았습니다. 개인이 가진 재산이 아니라 모든 시민이 함께 소유한 재산, 즉 공유부公有富라는 것이지요. 그의 주장에 따르면 기본소득이란 나라가 '베푸는 것'이 아니라, 모두가 땅에 대한 권리를 가지고 있으니 그 권리만큼 '대가를 나눠 주는 것'이었습니다.

기본소득을 실행하는 나라가 있을까?

오랫동안 이어져 온 기본소득에 대한 이론은 21세기 들어 여러 나라와 지역에서 실험적으로 실시됐습니다. 기본소득이 좋은 이론임에 분명하지만 현실적으로 실현이 가능한지 궁금했기 때문이지요. 2007년 한 독일 구호 단체가 아프리카 남서부 나미비아의 오치베로라는 작은 마을에서 기본소득을 실험했습니다. 주민 930명에게 매달 나미비아 화폐 100달러(우리 돈으로 약 8,000원) 정도를 준 것입니다. 그 결과 영양실조에 걸린 어린이의 비율이 42퍼센트에서 17퍼센트로 줄었고, 실업률도 60퍼센트에서 15퍼센트 정도로 떨어졌습니다. 인도의 몇 개 마을에서도 한 여성 단체가 유니세프의 지원을 받아 성인 1명당 200루피(약 3,300원), 어린이 1인당 100루피(1,600원) 정도를 지급하자 어린이 영양실조가 줄고 학교에 출석하는 어린이 수가 늘어났습니다.

아직까지 전국적으로 기본소득을 실시하는 나라는 없지만, 오랫동안 기본소득을 실시한 지역이 있습니다. 바로 미국 알래스카주입니다. 알래스카에서는 매년 10월에 거주 기간이 1년 이상인 모든 주민에게 아무런 조건 없이 1인당 100~200만 원의 현금을 줍니다. 알래스카의 석유 같은 천연자원을 판매한 수입 중 일부를 떼어 만든 기금을 운용해 그 수익금을 주민에게 나눠 주는 것입니다. 40년간 성공적으로 이어진 이 제도는 기본소득 개념에 가장 부합합니다. 미국의 한 비영리 단체가 알래스카 주민 1,000여 명을 대상으로 조사한 바에 따르면 40퍼센트 정도가 기본소득이 자신들의 삶에 도움이 되었다고 답했습니다. 현재 알래스카는 미국에서 소득 불평등이 적고 빈곤율이 낮은 지역에 속합니다.

기본소득은 현실적으로 어렵다?

기본소득은 역사가 오래되고 실제 성공한 사례도 있는 제도지만 현실적 이유로 반대하는 사람도 많습니다. 반대하는 의견의 핵심은 당연하게도 '돈'입니다.

지금까지 알려진 기본소득 실험들은 대부분 특정 마을이나 지역에서 소수 주민을 대상으로 짧은 기간에 이루어졌습니다. 전 국민을 대상으로 기본소득을 나눠 주려면 어마어마한 예산이 필요한데 현실적으로 시행하기가 쉽지 않습니다. 우리나라의 경우 전 국민에게 매달 10만 원씩만 주어도 약 60조 원이 필요합니다. 나랏돈은 한정적이므로 기본소득에 필요한 돈을 마련하려면 다른 분야의 복지 예산을 줄이거나 세금을 더 많이 걷어야 합니다. 쉽지 않은 일이지요.

기본소득의 부작용을 걱정하는 목소리도 있습니다. 그동안 자본주의는 열심히 일해 개인의 이익을 더 많이 얻으려는 사람들의 욕구를 밑바탕으로 발전해 왔습니다. 그러나 일하지 않아도 나라에서 일정한 금액을 받으면 사람들이 게을러지고, 일하지 않는 분위기가 만연해 경기가 침체될 것이라고 우려합니다.

기본소득의 필요성이 꾸준히 제기되고 있지만 앞서 살펴보았듯 반대 의견도 팽팽히 맞서고 있는 상태입니다. 여전히 기본소득은 '전 세계의 뜨거운 감자'라 볼 수 있습니다.

주제 관련 핵심 용어 정리

⊘ **기본소득** 국가에서 아무런 조건 없이 전 국민에게 규칙적으로 나눠 주는 소득. 재산 조건이나 근로 여부를 따지지 않고 도움이 필요한 사람을 선별하는 과정 없이 모든 사회 구성원에게 현금으로 지급하는 것이 특징이다.

⊘ **사회 복지 제도** 국민의 행복과 삶의 질을 고르게 보장하기 위해 나라에서 실시하는 각종 제도를 말한다. 의료보험, 기초생활보장제도, 장애인 복지 서비스 등이 모두 사회 복지 제도에 해당한다.

⊘ **기초생활보장제도** 가족이나 스스로의 힘으로 생계를 유지할 능력이 없는 절대 빈곤층에게 생계, 교육, 의료, 주거, 자활 등의 기본 생활을 국가가 보장해 주는 제도. 소득이나 자산이 일정 기준 이하이거나 부양할 사람이 없는 대상을 뽑아 지원해 준다.

⊘ **사회 보험** 실업이나 질병, 노령이나 사망으로 위험에 처할 경우에 대비해 나라에서 운영하는 보험. 소득이 있는 가입자에게 일정 금액의 돈을 걷고 나중에 가입자가 어려움에 처하거나 일하기 어려울 때 거둔 돈을 바탕으로 도움을 주는 제도이다.

✅ 선별 복지 정부나 지방자치단체가 국민 중에서 일정 기준을 두고 특정 대상을 뽑아(선별) 복지 서비스를 제공하는 것을 말한다. 복지 서비스가 필요한 사람에게만 제공되니 적은 비용으로 큰 효과를 누릴 수 있고 지원 대상자의 만족도를 높일 수 있다. 하지만 선별 과정에 비용과 시간이 들어가고, 지원 대상자를 뽑는 과정에서 정작 도움이 필요한 사람이 제외될 수 있으며, 지원 대상자에게 가난한 사람이라는 사회적 낙인이 찍힐 수 있다는 단점이 있다.

✅ 보편 복지 소득이나 재산 등의 기준에 따라 대상을 뽑지 않고 국민 모두에게 동일한 복지 서비스를 제공하는 것을 말한다. 선별 복지와 반대되는 개념이다. 도움을 받을 대상자를 선별하는 과정에서 사각지대가 생기거나 불공정한 상황이 벌어지는 문제를 바로잡고, 모든 국민의 인간다운 삶을 보장하기 위해 도입되었다. 대표적인 예로 무상 급식, 아동수당 등이 있다. 기본소득 역시 보편 복지의 예다.

"기본소득 제도는 빈부격차를 줄여 준다"

1. 기본소득은 로봇이나 인공지능으로
일자리가 줄어들 미래에 꼭 필요한 제도다

4차 산업혁명으로 로봇이나 AI(인공지능)가 사람들의 일자리를 대신하는 경우가 늘고 있습니다. 의사, 기자 같은 전문직부터 화가, 작가 같은 예술 분야 직업의 일까지 AI가 일부 대체하는 시대가 왔습니다. 산업용 로봇이 육체 노동을 대신하고, 운전자가 없는 자율 주행 차가 택시나 버스기사의 일자리를 위협

할 가능성도 높아졌습니다. 세계적 투자 은행인 골드만삭스는 "전 세계 일자리의 약 18퍼센트가 생성형 인공지능으로 대체될 것"이라고 발표했습니다. 우리나라 한국은행도 AI 기술이 널리 퍼지면서 "국내 일자리 약 341만 개가 앞으로 AI 기술에 의해 대체"될 수 있다고 이야기했습니다. 일자리가 없으면 사람들의 소득이 줄어들고 기본적인 생계를 유지하기 어려워집니다. 나아가 소득을 잃은 사람들이 소비를 줄임으로써 기업이 생산을 해도 상품이 팔리지 않고, 이것이 다시 생산과 투자를 위축시키는 문제를 불러와 경기에도 나쁜 영향을 미칠 수 있습니다. 기본소득은 이러한 문제를 해결하는 데 큰 도움이 될 수 있습니다.

2. 기본소득은 국민 모두에게 최소한의 삶의 질을 보장한다

지금의 사회 복지 제도는 어려운 사람들을 뽑아 지원해 주는 방식인 '선별 복지'입니다. 이 방식은 복지의 사각지대가 생긴다는 한계가 있습니다. 가령 우리나라에서는 대상자를 선정해 생계비나 교육, 의료에 필요한 돈을 지원하는 기초생활보장제도를 운영하고 있습니다. 하지만 대상자 선별 과정에서 실제로 경제생활이 어려운데도 집을 가졌다거나 소득이 높은 가족이 있어서 조건을 충족하지 못해 혜택을 받지 못하는 사람이 많습니다. 보건복지부에서 조사한 기초생활보장 실태 조사에 따르면, 소득이 낮지만 다른 기준 때문에 기초수급자가 되지 못하는 사람의 숫자가 66만 명(2021년 기준)이라고 합니다. 경제적 어려움에 시달리다 목숨을 끊은 2014년 송파 세 모녀 사건을 보면 그 심각성을 알 수 있습니다. 기본소득은 이런 문제를 해결할 수 있는 제도입니다. 조건을 따지지 않고 모두에게 똑같이 주어지니 사각지대가 생기지 않고, 지원 대상을 뽑는 데 비용이나 시간이 따로 들지 않아 현재의 복지 제도보다 효율적입니다.

3. 현재의 세금 체계를 뜯어고치면 기본소득 제도를 실현할 수 있다

탄소세(온실가스를 배출하는 화석 연료의 사용량에 따라 부과하는 세금)

나 로봇세(로봇을 소유하거나 사용하는 기업이나 개인에게 부과하는 세금)처럼 새로운 세금을 도입하고 기업이나 부자들에게 세금을 더 많이 걷으면 기본소득을 실시할 수 있습니다. 현재의 세금 제도를 바꾸고 손질하면 1년에 약 48조 원을 마련할 수 있다는 연구 결과도 있습니다. 또 현재의 사회복지 제도를 개편해 기본소득에 필요한 예산을 마련할 수도 있습니다. 아동수당이나 기초생활보장제도 등 다양한 복지 제도를 기본소득의 큰 틀에 합쳐서 실시하는 것도 한 가지 방법입니다.

"기본소득 제도는 빈부격차를 심화한다"

---

1. 기본소득은 경제적 불평등을
더 심각하게 만들 수 있다

기본소득은 가난한 사람뿐 아니라 소득이 상위 1퍼센트에 해당하는 사람도, 재벌 회장도 받을 수 있습니다. 나라 살림으로 쓸 수 있는 돈은 한정되어 있습니다. 기본소득에 나랏돈을 쓰면 실업급여나 기초생활보장제도처럼 예전부터 사회의 기둥이 되어 온 복지 제도의 혜택을 줄여야 합니다. 그만큼 형편이 어

려운 사람들을 집중적으로 도와주던 제도들이 사라지기 때문에 도움이 정말 필요한 사람들에게 돌아가야 할 돈이 줄어드는 부작용이 생깁니다. 모두에게 똑같은 수준의 현금을 나눠 주는 제도는 불평등과 빈부격차를 해결하기는커녕 오히려 더 심각하게 만들 수 있습니다.

2. 기본소득은 사람들의 게으름을 부추겨 경제 성장을 방해한다

과도한 복지 혜택은 사람들의 근로 의욕을 줄일 수 있습니다. 역사적으로 보아도, 나라에서 사람들의 생활을 책임지는 복지 제도를 택하자 일하지 않아도 일정한 수준의 소득을 보장받을 수 있으니 많은 사람이 취업하지 않아 경제 성장에 걸림돌이 되는 문제가 생겼습니다. 일은 하지 않고 나라가 주는 혜택만 받으며 지내는 사람들이 늘수록 국민 전체가 부담해야 할 세금이 증가하고 나라 경제에도 악영향을 미칠 수 있습니다. 실제로 2년 동안 핀란드에서는 2017년 실업자 2,000명을 뽑아 기본소득이 근로 의욕을 북돋을 수 있는지 실험한 바 있습니다. 그 결과 기본소득을 받은 사람이 실업 수당을 받은 사람보다 평균 5일 정도 더 일하는 데 불과했고 별다른 효과가 나타나지 않았습니다.

3. 문제는 돈, 기본소득은
돈이 부족해 실현되기 어렵다

기본소득 제도를 유지하는 데에는 어마어마한 돈이 필요하기 때문에 현실성이 떨어집니다. 매달 30만 원의 기본소득을 모든 국민에게 나눠 주려면 매년 약 186조 원, 50만 원을 주려면 약 309조 원이 필요합니다. 우리나라의 1년간 보건·복지·고용 부문 예산이 약 242조 원(2024년 기준), 우리나라 1년 정부 예산의 총금액이 대략 657조 원(2024년)인 걸 감안하면 적은 돈이 아닙니다. 더구나 기본소득은 한 번 나가는 돈이 아니라 지속적으로 국민들에게 지급해야 할 돈이기 때문에 계속 유지 가능한지 잘 생각해야 합니다. 또 국가적으로 많은 돈을 쓰지만 전 국민이 받는 돈의 액수는 30~50만 원에 불과합니다. 이 정도로는 국민의 삶의 질을 높일 만한 효과를 얻기 어려우니 차라리 지금의 사회 복지 제도를 유지하는 쪽이 낫습니다.

본격 토론을 해봅시다

사회자   정모두   이선별

안녕하십니까. 오늘 '부의 불평등' 토론반에서는 '기본소득은 빈부격차를 줄일 수 있을까?'라는 주제로 이야기를 나누려 합니다. 기본소득은 국가나 지방자치단체가 모든 국민 또는 주민에게 아무런 조건 없이 정기적으로 나눠 주는 소득을 의미합니다. 우리나라뿐 아니라 전 세계 국가에서 도입 여부를 두고 실험과 찬반 토론을 거듭하고 있는 제도이지요. 찬반 의견에 대해 정모두 씨와 이선별 씨의 이야기를 들어 보겠습니다. 정모두 씨, 먼저 발언해 주십시오.

저는 기본소득이 빈부격차를 줄이는 데 효과적인 제도라고 생각합니다. 지금까지 운영된 사회 복지 제도는 경제 형편이 어려운 사람을 뽑아 나라에서 지원하는 방식을 택했습니다. 그런데 지원 대상을 선별하는 과정에서 경제적 도움이 반드시 필요한데도 기준에 해당되지 않아 배제된 사람들이 생겼고, 선발 과정에서 가난한 사람으로 낙인찍히는 문제도 발생했습니다. 이런 문제를 해결하기 위해 나온 제도가 기본소득입니다. 국민 모두에게 정기적으로 도움을 주는 기본소득은 공평한 제도라고 볼 수 있죠.

지원 대상을 선별하지 않는다고 해서 공평한 제도라고 볼 수 있을까요? 예를 들어 경제 형편이 어려운 사람이나 재벌 회장이나 똑같이 50만 원을 나라에서 매달 지원받는다고 생각해 봅시다. 형편이 어려운 사람은 매달 최소한의 생활을 유지하기 위해 200만 원이 필요한데, 부유한 사람에게까지 매달 50만 원을 지급하느라 도움이 필요한 쪽을 제대로 지원할 수 없게 됩니다. 이것이 과연 공평한 처사일까요?

그런 비판은 모두를 대상으로 한 복지 제도를 새롭게 실시할 때마다 반복되어 왔습니다. 무상 급식 논란 때도 마찬가지였습니다. 2010년대 초반에 서울시 초등학교에서 무상 급식을 실시할 때만 해도 정치인들이 인기를 얻으려고 주장하는 제도다, 공평하지 않다는 의견이 많았습니다. 하지만 현재는 모든 초중고교에서 무상 급식을 실시하고 있고, 모두가 당연하게 여기고 있습니다. 기본소득도 마찬가지입니다. 실시하기 전에 사람들이 불공평하다고 착각할 뿐이에요.

더구나 기본소득은 4차 산업혁명 시대에 꼭 필요한 제도입니다. 이미 인공지능과 로봇이 사람의 일자리를 일부 대신하고 있고, 앞으로 많은 사람이 일자리를 잃을 가능성이 높습니다. 사람들의 소득이 줄어들면 정부가 세금을 걷기도, 원래의 사회 복지 제도를 유지하기도 어려워질 겁니다. 인간의 노동을 바탕으로 벌어들이는 소득이 아니라, 대가 없이 국가에서 나누어 주는 소득이 있어야 사람들이 기본적인 삶을 누릴 수 있게 될 겁니다.

사회 변화 때문에 기본소득이 필요하다는 말씀은 이해하겠습니다. 그렇지만 이렇게 활발히 논의되고 있어도 아직까지 기본소득을 제대로 도입한 나라가 없는 이유는 무엇일까요? 현실적으로 예산이 부족하기 때문입니다. 우리나라에서 전 국민에게 매달 50만 원 정도의 돈을 주려면 약 309조 원이 필요한데, 우리나라 1년 예산의 거의 절반 수준에 해당하는 돈입니다. 기본소득은 이상적이어서 매우 좋아 보이지만 그만큼 실행되기 어려운 제도입니다.

예산 문제는 해결할 수 있다고 생각합니다. 현재의 사회복지 제도를 손질하고, 탄소세나 로봇세처럼 새로운 세금을 만들어 걷거나, 부유세처럼 소득이나 자산이 많은 사람에게 세금을 더 많이 걷으면 재원을 마련할 수 있습니다. 그리고 30~50만 원이 적어 보여도 어떤 사람에게는 새로운 희망을 심어 줄 수 있는 돈입니다. 개인에게 준 현금은 가정폭력 때문에 집에서 빠져나오기 어려운 사람에게 독립의 밑바탕이 될 수 있고, 일자리를 구하기 위해 직업 학원에 다닐 돈이 부족한 사람에게 도움이 될 수 있습니다. 작은 금액도 누군가에게는 좋은 변화를 가져올 겁니다.

 허울만 좋지 기본소득은 경제 발전을 가로막을 수도 있습니다. 한번 생각해 봅시다. 모두에게 공짜로 돈을 나눠 주는데 누가 열심히 일하려고 하겠습니까. 힘들게 일하느니 적은 돈을 받고 편하게 지내려는 사람들이 늘어날 겁니다. 결국 노동 생산성이 떨어지고 경제 발전이 정체되겠지요.

이선별 씨의 말씀에 일부 동의합니다만, 그건 많은 사람이 일할 수 있을 때의 이야기일 뿐입니다. 앞서 말씀드렸지만 이미 세상이 바뀌고 있습니다. 인공지능에 로봇에 자율 주행 차까지 등장하며 사람들의 일자리가 사라지고 있어요. 현재 사회 복지 제도는 사람들이 노동력을 제공하고, 소득의 일정 부분을 떼어 낸 돈으로 운영하는 사회 보험 형태로 이루어지고 있지만, 이제는 일해서 소득을 벌어들이는 구조가 크게 변할 수 있습니다.

네. 토론을 함께해 주신 두 분께 감사드립니다. 이제 마칠 시간이 되었는데, 각자 마무리 발언 해주시죠.

4차 산업혁명으로 인한 일자리 구조의 변화가 실업과 사회 불안을 일으키고, 기존 조세 제도를 흔들 수 있습니다. 이제 새로운 세금을 만들어 조세 제도를 보완하고, 기본소득을 실시해 복지 제도를 시대에 맞게 바꾸어 나가야 합니다.

기본소득은 좋은 제도이지만 실현되기 어렵습니다. 들이는 돈에 비해 정작 효과도 떨어질 것으로 예상되기 때문에 추진할 필요가 없다고 생각합니다. 현실적으로 생각해 봐야 한다고 봅니다.

1. 책의 내용을 보며 다음 빈칸을 채워 보자.

- ( )은/는 소득이나 재산 조건을 내걸지 않고 국민 모두에게 현금을 규칙적으로 나눠 주는 제도를 말한다.

- 국민의 행복을 고르게 보장하고 경제적 불평등을 줄이기 위해 나라에서 실시하는 제도를 ( )이/라고 하며, 의료보험, 기초생활보장제도, 장애인 복지 서비스 등이 모두 이 제도에 포함된다.

- ( )은/는 나라에서 실시하는 보험으로 실업이나 질병, 고령이나 사망으로 국민이 위험해질 경우에 대비해 국민이 일할 때 미리 소득의 일정 부분을 떼어 돈을 걷고, 나중에 가입자가 어려움에 처하거나 일하기 어려울 때 거둔 돈을 바탕으로 도움을 주는 제도를 말한다.

- ( )은/는 정부가 국민 중에서 일정 기준을 두고 형편이 어려운 사람을 뽑아서 도와주는 제도를 말하고, ( )은/는 무상 급식이나 기본소득처럼 재산이나 소득에 상관없이 국민 모두에게 똑같은 혜택을 주는 제도를 말한다.

2. 토론 내용을 보고 찬성과 반대 입장의 주장과 그 근거를 간단히
   정리해 보자.

- 기본소득 제도를 실시해야 할까?

- 찬성

- 반대

3. 기본소득 실시에 대한 나의 생각을 정리해 보자.

- 나는 기본소득 실시에 대해 _____
  라고 생각한다.
  왜냐하면

3

디지털세 도입은
공정한 세상을
만들어 줄까?

디지털세 도입은
불공정한 경쟁을 바로잡는다

디지털세 도입은
경제 성장에 걸림돌이 된다

21세기에 하루 종일 사람들이 가장 많이 들여다보는 물건은 무엇일까요? 교과서나 TV, 가족의 얼굴보다 스마트폰이나 노트북 속 세상을 더 많이 바라보는 게 우리의 일상이 되었습니다. 국내 TV 방송사보다 구글, 넷플릭스, 아마존 같은 기업의 로고가 우리에게 더 익숙해지고 있지요. 구글은 인터넷을 사용하여 정보를 공유하는 산업 부문에서 제일 큰 기업으로 세계에서 가장 많은 데이터 센터와 통신 네트워크를 보유하고 매일 수십억 명에게 서비스를 제공하고 있습니다. 전 세계에서 한 달 평균 19억 명이 접속해 시간을 보내는 유튜브도 구글이 소유한 회사입니다.

가끔은 의문이 듭니다. 이 기업들이 우리나라에서 벌어들이는 돈은 얼마일까요? 구글코리아는 한국에서 벌어들인 수입이 2021년 기준 2,900억 원이라고 신고했습니다. 그렇지만 전문가들은 우리나라에서 유튜브를 시청하는 사람들의 규모나 총 시청 시간에 비하면 적은 액수라고 합니다. 실제 이 액수는 진짜 매출액이 아닐 가능성이 높습니다. 국내 대학의 한 연구팀이 조사한 비에 따르면 구글고리아가 2021년 우리나라에서 빌어들인 수익이 4조~9조 원으로 추정된다고 합니다. 구글이 공개한 금액의 최대 삼십 배에 달하는 금액이지요.

구글과 메타가 진짜 수입을 밝히지 않는 이유

왜 구글코리아는 어마어마한 수익을 사실대로 밝히지 않을까요? 답은 '세금'에 있습니다. 우리가 세금을 내듯 기업도 상품을 팔아 번 돈에 대해서 세금을 냅니다. 예를 들어 삼성전자가 스마트폰을 만들어 우리나라에서 팔 때는 판매 이익의 일부를 우리나라 정부에 세금으로 내고, 미국에서 스마트폰을 팔아 이익을 얻으면 미국 정부에 세금을 냅니다. 그런데 디지털 기업은 세금을 제대로 내지 않고 적게 내거나 슬쩍 피하는 경우가 많습니다.

예를 들어 볼까요. 구글은 구글코리아라는 회사를 세워 우리나라에 서비스를 제공하고 있지만 정작 구글코리아 본부는 싱가포르에 있습니다. 이유는 간단합니다. 회사가 수입에 대해 세금을 내는 비율이 우리나라보다 싱가포르에서 훨씬 더 낮기 때문입니다. 세금을 줄이기 위해 꼼수를 쓴 거지요. 인스타그램과 페이스북을 가진 메타나 아마존, 넷플릭스 같은 기업도 마찬가지입니다. 본사나 서버가 미국이나 싱가포르, 홍콩에 있어도 한국에서 서비스를 제공하는 데 전혀 문제가 없습니다. 구글코리아가 원래 매출대로라면 2021년 기준 세금을 3,906억에서 9,131억 원을 내야 하지만, 실제로 130억 원 정도만 내고 있는데에는 이런 속사정이 있습니다.

디지털 산업의 확대에 따라 달라진 세금 구조

이런 일이 벌어지는 근본 이유는 현재 각 나라마다 세금을 매기는 방법이 다르기 때문입니다. 예전에는 기업에 세금을 매기는 방법이 아주 간단했습니다. 공장이나 본사가 있는 나라에서 수익을 올리면 해당 국가의 법에 따라 세금을 냈습니다. 과거에는 제품이라고 하면 옷이나 신발, 스마트폰처럼 눈에 보이는 물건이나, 병원 진료 또는 강의처럼 현장에서 생산자와 소비자가 직접 만나 이루어지는 서비스를 떠올리는 경우가 많았습니다. 그렇지만 요즘에는 정보통신 기술이 사회 전반에 적용되면서 인터넷 강의나 OTT 영화 서비스처럼 디지털 형태의 제품이 등장하고 있습니다. 온라인에서 이런 제품을 사고파는 것이 일상생활로 자리 잡았고, 전통적인 제조 방법을 쓰던 기업들도 온라인으로 사업 범위를 넓혀 가고 있습니다.

이렇게 생산 방식이 변하다 보니 나라 간 세금 문제도 복잡하게 바뀌었습니다. 예전에는 공장에서 물건을 만들어 다른 나라에 팔 때 그 나라에 관세를 냈고, 다른 나라에 진출해서 사업장(공장, 기업)을 만들면 그 나라에 법인세를 냈습니다.

그렇지만 4차 산업혁명으로 디지털 산업이 발전하고, 구글이나 넷플릭스, 아마존 같은 회사가 세계적인 공룡 기업이 되면서 상황이 달라졌습니다. 생각해 보세요. 신발이나 옷을 만들어

팔려면 사업장 위치가 중요하지만 디지털 기업은 사업장이나 공장의 위치가 중요하지 않습니다. 굳이 한국에 사업장을 두지 않아도, 수출입품처럼 세관을 통과하지 않아도 다른 나라에 서버를 두고 온라인을 통해 서비스를 제공해 이익을 내는 구조가 가능해졌습니다.

돈 버는 나라 따로, 세금 내는 나라 따로, IT 기업의 비밀

이것이 바로 구글이 법인세가 상대적으로 비싼 우리나라가 아니라 싱가포르에 서버를 두는 이유입니다. 서비스를 팔아 돈을 버는 곳에 세금을 내는 게 아니라 세금을 가장 적게 받는 나라에 서버를 두어 세금을 줄인 것입니다. 구글만이 아닙니다. 2021년 넷플릭스는 전 세계적으로 흥행한 한국 드라마 〈오징어 게임〉으로 수천억 원에 달하는 막대한 수입을 벌어들였지만 우리나라 정부에 낸 세금은 수십억 원에 불과합니다. 넷플릭스 코리아 법인이 세금 비율이 낮은 네덜란드에 있기 때문입니다.

우리나라에서 넷플릭스가 올리는 매출의 70~80퍼센트는 네덜란드 본부를 거쳐 미국에 있는 본사로 흘러 들어갑니다. 이런 회사들은 세금을 회피하거나 줄이기 위해 세금 비율이 적은 국가에 서류상으로만 존재하는 회사(페이퍼 컴퍼니)를 만듭니다. 이처럼 법인이 얻은 소득에 대하여 세금을 떼지 않거나 일정 부분에만 매기는 지역 또는 국가를 조세 피난처라고 합니다.

이러한 방법으로 거대 기업들은 전 세계에서 돈을 벌어들이지만 세율이 낮은 엉뚱한 나라에 세금을 내 막대한 부를 쌓고 있습니다. OECD(경제협력개발기구)는 구글, 애플, 아마존 등 거대 IT 기업의 조세 회피 금액이 1,000억 달러에서 2,400억 달러(약 120조~290조 원)에 이를 것으로 추정합니다.

이렇게 조세 피난처로 많은 기업이 찾는 나라가 아일랜드입니다. 유럽 서쪽에 있는 섬나라 아일랜드 공화국이 자국에 있는 기업에 부과하는 세금 비율은 12.5퍼센트에 불과합니다. 우리나라에서는 3,000억 원 이상의 돈을 벌어들이는 회사에 적용되는 세금 비율이 2023년 기준 24퍼센트에 달합니다. 다른 나라도 마찬가지입니다. 미국의 법인세율은 21퍼센트이고 호주는

30퍼센트, 베트남은 20퍼센트입니다. 기업 입장에서는 아일랜드에 회사를 세우는 게 훨씬 이득이지요. 구글뿐 아니라 메타, 애플, 페이팔 등 세계적 기업이 아일랜드에 중심이 되는 본부나 서버를 두면서 아일랜드의 조세 수입이 늘어났습니다.

아일랜드 외에도 홍콩이나 싱가포르, 룩셈부르크, 영국령 버진 아일랜드 등이 세금 비율이 낮아 기업들의 조세 피난처가 되고 있습니다.

이제 돈 번 나라에서 세금을 내야 해, 디지털세

세계적인 IT 기업이 매출을 줄이고 세금을 아끼면서 나타난 불평등한 상황을 바꾸기 위해 등장한 것이 '디지털세'라는 세금입니다. 처음에는 구글세라고 불리기도 했지요. 이 세금의 취지는 간단합니다. '돈을 벌게 해주는 나라에 세금을 내는 것'입니다. 거대 다국적 IT 기업이 실제로 소비자에게 서비스를 제공하여 수입을 얻은 나라에 세금을 내도록 하자는 것이지요.

디지털세를 만들자고 주장한 건 주로 유럽 국가들이었습니다. 다국적 글로벌 기업인 구글이나 넷플릭스 등은 주로 미국 기업인데, 이 회사들이 유럽 각국에서 돈을 벌면서도 제대로 세금을 내지 않자 불만이 생겼고, 이 문제 때문에 OECD에서 2021년 디지털세를 매기기로 결정했습니다.

디지털세는 크게 필라 1과 필라 2라는 두 개의 세금으로 나뉩니다. 필라Pillar란 기둥이라는 뜻입니다. 디지털세라는 구조를 떠받치고 있는 기둥을 크게 둘로 나눈 것이지요. 필라 1은 다국적 기업이 본사가 있는 나라뿐 아니라 실제 매출을 올린 다른 나라에도 세금을 내도록 하는 제도입니다. 매출액이 약 28조 원 이상인 기업이 대상입니다.

필라 2는 나라마다 세금 비율이 다르다는 사실을 악용해 세금을 아끼는 기업들이 있다는 점을 바로 잡는 역할을 합니다. 다국적 기업이 아일랜드같이 세금 비율이 낮은 나라에 회사를 세워 조세를 회피해 왔다고 했지요? 필라 2에 따르면 매출액이 1조 원 이상인 다국적 회사는 어느 국가에서든 수입에 대하여 15퍼센트 이상의 세금을 내야 합니다.

당연히 디지털세를 모두가 찬성하지는 않습니다. 디지털세가 도입되면 손해를 보는 기업들은 반대 입장에 있습니다. 구글이나 아마존, 메타, 넷플릭스의 본사가 있는 미국은 자국 IT 기업이 디지털세의 대상이 되는 것에 불만이 있지요.

사실 미국 IT 기업들만 디지털세의 대상이 되는 건 아닙니다. 디지털세는 논의를 거치면서 IT기업뿐 아니라 스마트폰 등 글로벌 제조 기업도 세금을 내는 것으로 그 범위가 넓어졌습니다. 그래서 필라 1의 경우 우리나라의 삼성전자도 대상이 될 것(2024년 기준)으로 예상이 됩니다. 그래서 우리나라에 디지털세가 유리할지 불리할지에 대해 여러 의견이 오가고 있습니다.

☑️ **다국적 기업** 여러 나라에 계열 회사를 두고 생산, 판매, 서비스 활동을 하는 기업. '세계 기업', '글로벌 기업', '초超국적 기업'이라고도 부른다.

☑️ **디지털세** 거대한 다국적 회사가 각 나라에서 얻은 수익에 대한 세금을 낼 때, 실제로 서비스가 제공되거나 소비되는 국가에도 납부하는 세금.

☑️ **조세 피난처** 개인이나 회사가 세금을 회피해 적게 내거나 내지 않기 위해 이용하는 지역이나 국가. 보통 소득세나 법인세를 부과하지 않거나 세금 비율이 15퍼센트 이하인 국가와 지역이 해당된다. 대표적인 조세 피난처로는 아일랜드, 버뮤다, 스위스 등이 있다.

☑️ **법인세** 주식회사와 같은 기업이 사업을 하여 일정 기간 동안 얻은 순이익에 대해 부과하는 세금. 법인이란 사람(자연인自然人)이 아니어도 법률상 권리와 의무의 주체가 될 수 있는 것으로서, 일정한 목적으로 결합한 사람의 집단 또는 재산을 자연인과 동등한 법률적 주체로 인정한 것이다.

⊘ **IT**   정보 기술을 뜻하는 information technology의 줄임말. 정보를 개발·저장·교환하는 데 필요한 모든 형태의 기술을 가리킨다.

⊘ **IT 기업**   인터넷 공간에서 생산자와 소비자를 연결하는 기업. 4차 산업혁명이 일어나면서 IT 산업을 이끄는 회사들이 세계적인 대기업으로 성장했다.

"디지털세 도입은
불공정한 경쟁을 바로잡는다"

1. 글로벌 기업의 조세 회피를 막아
불공정한 세금 제도를 바로잡을 수 있다

지금까지 구글이나 넷플릭스 등의 글로벌 IT 기업들은 사업장을 둔 곳에 세금을 내야 한다는 사실을 악용해 세금을 제대로 내지 않아 왔습니다. 예전에는 회사의 본부나 공장을 둔 나라에서 상품과 서비스를 만들고 판 다음, 사업장(공장이나 영업하는 곳)이 있는 나라에 세금을 냈습니다. 하지만 현재 IT 기업은 서버를 제3의 국가에 두고 인터넷 망을 통해 우리나라에서 상품과 서비스를 팔아도 되니 굳이 우리나라에 세금을 낼 필요가 없습니다. 이 때문에 매출액의 대다수를 우리나라에서 벌어들이지만 정작 우리나라에 세금을 내지 않는 문제가 생겼습니다. 이런 기업은 매출을 제대로 공개하지 않으니 공정하게 세금을 매기기가 어렵습니다. 디지털세를 부과하면 불공정한 세금 제도를 바로잡을 수 있습니다.

2. 공정한 경쟁이 가능해져 소비자에게도 유리할 것이다

디지털세가 도입된다면 거대한 회사들이 세금을 더 많이 내게 됩니다. 이런 기업들은 훌륭한 상품과 서비스를 내놓아서 돈을 벌었지만 돈을 번 나라에 세금을 제대로 내지 않으면서 부당하게 이익을 늘려 왔습니다. 원래 시장 경제가 원활히 돌아가려면 기업들끼리 공정하게 경쟁해야 합니다. 공정한 경쟁은 기업들이 기술 개발과 연구를 통해 더 질 좋은 상품을 선보이고 적정한 가격으로 판매하고자 노력하면서 이루어집니다. 이 과정을 통해 우수한 기업이 가려지고 나라 전체의 생산력이 높아지고 경제도 성장합니다. 덕분에 소비자도 품질 좋은 상품을 쓸 수 있게 되어 이득을 얻습니다.

그렇지만 최근에는 구글 같은 거대 공룡 기업이 조세를 피하면서 부당한 이익을 늘리고 있고, 덩치를 더 키워 해당 분야를 독점하는 현상도 나타날 수 있습니다. 일단 어떤 분야에서 독점이 이루어지면 기업이 필요 이상으로 가격을 높여도 소비자 입장에서는 대안이 없으니 어쩔 수 없이 독점 기업의 상품을 계속 구매해야 합니다. 소비자가 필요 이상의 비싼 돈을 지불해야 하니 손해를 보기 쉬운 구조이지요. 거대 기업이 제대로 세금을 내도록 해야 다른 기업들도 시장에서 살아남고 공정한 경쟁이 가능해집니다. 이러한 환경을 만들면 소비자도 적절한 가격으로 더 좋은 서비스를 누릴 수 있어 이득입니다.

3. 디지털세 도입은
국내 경제에 도움을 줄 수 있다

디지털세가 도입되면 한국에서 활동하는 큰 플랫폼 기업 중 80여 곳이 매출 정보를 투명하게 공개해 세금을 내야 할 것이라고 전망합니다. 반면 디지털세가 생겨서 해외에 세금을 내야 하는 우리나라 기업은 한두 군데에 불과할 것으로 보입니다. 그동안 넷플릭스처럼 우리나라에서 돈을 벌지만 세금을 제대로 내지 않던 기업들이 디지털세를 내게 되면 정부의 세금 수입도 늘어날 겁니다. 디지털세 도입이 나라 경제에도 도움이 되는 것이지요.

반대

"디지털세 도입은
경제 성장에 걸림돌이 된다"

1. 관련 산업 성장에
걸림돌이 될 수 있다

디지털세가 도입되어 세금을 많이 매기게 되면 그만큼 기업들의 이윤이 줄어들어 성장이 더뎌질 수 있고, 한창 발전을 거듭하고 있는 IT 산업의 성장도 가로막을 수 있습니다. 더구나 조세 회피를 악용하지 않는 기업들이 디지털세 때문에 손해를 입거나 관련된 산업도 피해를 입을 수 있습니다.

2. 결국 디지털 서비스를 이용하는
소비자의 부담만 늘어날 수 있다

디지털세가 도입되면 글로벌 기업이 일시적으로 타격을 입을 수 있습니다. 그렇지만 기업의 목적은 이윤 추구이니, 세금을 더 많이 내게 되면 그만큼 자신들의 이익을 지키기 위해 소비자에게 공급하는 서비스나 상품의 금액을 올리는 방향으로 손해를 메꿀 가능성이 높습니다. 예를 들어 유튜브나 넷플릭스가 디지털세로 각국에 세금을 더 많이 내게 된다면 그 손해를 메꾸기 위해 유튜브 프리미엄이나 구독 서비스의 가격을 인상할 수 있습니다. 유튜브를 틀면 우리가 억지로 봐야 하는 광고가 늘어날 수 있겠지요.

그뿐만 아니라 디지털세는 실제 도입 과정에서 그 범위가 넓어져서 IT 기업뿐 아니라 우리가 소비하는 상품을 만드는 제조 기업에도 적용됩니다. 그러면 스마트폰이나 전자기기 등의 가격이 올라갈 가능성이 높습니다. 디지털세 도입으로 생기는 부담을 결국 소비자가 고스란히 떠안게 될 것입니다.

3. 우리나라 경제도
피해를 입을 수 있다

디지털세는 우리나라에서 수입을 얻는 다른 나라의 다국적 기업들에만 적용되는 건 아닙니다. 국내 기업인 삼성전자의 경우 디지털세 때문에 해외에 내야 할 세금이 늘어날 것으로 예상됩니다. 당장은 아니지만 전 세계적으로 디지털세를 내야 하는 범위가 넓어지면, 현대자동차, LG전자 등 해외에서 활발히 활동하는 기업들이 해외에서 지금보다 더 많은 세금을 내야 할 수도 있습니다. 이런 상황에서 디지털세를 도입해 우리나라가 얻는 이익이 손해보다 더 클 거라고 확신할 수 있을까요? 디지털세가 우리나라 경제에 이익이 되지 않고 도리어 손해를 입힐 가능성이 있음을 고려해야 합니다.

본격 토론을 해봅시다

사회자   윤과세   김이윤

 안녕하십니까. 오늘 '부의 불평등' 토론반에서는 '디지털세 도입은 공정한 세상을 만들어 줄까?'라는 주제로 이야기를 나눠 보려 합니다. 디지털세는 온라인상에서 돈을 버는 기업이 사업을 한 국가에 내는 세금을 말합니다. 그동안 돈을 벌어늘이는 나라에 징딩힌 세금을 니지 않는 기업이 많아 만들어진 세금인데요, 이에 대해 찬반 논란이 벌어지고 있습니다. 오늘은 이 문제에 대해 윤과세 씨와 김이윤 씨의 의견을 들어 보겠습니다.

오래전부터 이어져 온 세금의 기본 원칙이 있습니다. '소득이 있는 곳에 세금이 있다'는 원칙입니다. 그런데 구글이나 마이크로소프트, 넷플릭스나 메타 같은 기업을 보세요. 전 세계를 무대로 엄청난 이윤을 남기고 있지만 정작 각국 정부에는 터무니없이 낮은 세금을 내고 있습니다. 여러 나라에서 돈을 벌어도 일부러 세율이 낮은 국가에 서버를 두고 그 나라에 얼마 안 되는 세금만 내면 되니까요. 따라서 디지털세는 이렇게 불공평한 상황을 해결할 수 있는 중요한 정책이라고 생각합니다.

디지털세 도입이 조세의 불공평함을 조정할 수 있다고 하셨지만, 세금을 이전보다 많이 걷으면 결국 그 부담이 누구에게 돌아갈까요? 글로벌 IT 회사들은 늘어난 세금 부담과 손해를 서비스 가격을 올려서 해결할 가능성이 높습니다. 결국 소비자의 부담이 늘어나는 거지요. 디지털세를 도입하자는 이유에는 공감하지만, 실제로 디지털세의 도입이 불공평한 상황을 바로잡을 수 있을까요?

말씀하신 대로 기업이 가격을 올릴 수도 있습니다. 그렇지만 가격을 적절하지 않게 올린 서비스는 결국 소비자들이 찾지 않을 겁니다. 소비자에게 외면받으면 기업은 다시 그만큼 가격을 내리겠지요. 시장 원리에 따라 서비스 가격도 적정선을 찾아갈 거라 생각합니다. 그리고 소비자들의 피해를 막기 위해 정부와 국제기구가 소비자의 피해를 막을 수 있는 대책을 마련하면 충분히 문제를 해결할 수 있다고 생각합니다. 오히려 디지털세를 도입함으로써 몇몇 글로벌 IT 기업이 부당하게 이익을 취하여 시장을 독점하는 현상을 막을 기회가 마련되리라고 생각합니다. 산업 발전에도 결과적으로 도움이 되지 않을까요?

 전 오히려 그 반대의 결과를 낳을 거라고 봅니다. 세금을 늘리면 기업들의 이윤이 줄어들어 기술을 개발하거나 새로운 시장을 개척해도 큰 이득을 보지 못하게 되므로 디지털 산업의 성장이 가로막힐 수 있습니다. 부작용도 생각해 봐야 해요. 조세 회피를 악용하지 않는 기업들이 디지털세 때문에 손해를 입어 관련 산업에도 피해가 갈 수 있지요. 세금을 내게 하면 결국 산업 전체에 악영향을 미칠 수 있다는 점도 고려해야 합니다.

산업이 피해를 입는 게 아니라 일부 회사의 독과점이 어려워지겠지요. 몇몇 기업이 세금을 제대로 내지 않고 전 세계 동영상 서비스나 검색 서비스를 독점하면 결국 그 기업에 가격 결정권을 주는 꼴이 됩니다. 경쟁자가 없으니까요. 결국 다른 선택지가 없는 소비자가 손해를 입고, 오히려 산업 성장 속도가 더뎌질 뿐입니다.

우리나라의 경우에는 오히려 구글이나 넷플릭스 같은 기업으로부터 세금을 걷으니 나라 경제에 도움이 되지 않을까요? 그동안 서비스를 판매하고 벌어들인 실제 수익에 해당하는 세금을 내지 않은 기업들이 세금만 제대로 내도 국가 경제에 큰 도움이 될 겁니다.

하지만 반대 입장도 생각해 봐야 합니다. 우리나라 기업도 이제 다국적 기업으로서 세계 여러 나라에서 활동하고 있습니다. 우리나라의 삼성전자도 디지털세가 도입될 경우 세금을 더 내야 한다고 합니다. 디지털세 기준이 바뀌면 다른 국내 기업들도 대상이 될 가능성이 높고요. 우리나라 기업이 내는 세금도 있기 때문에 반드시 나라 경제에 도움이 된다고 판단할 수는 없습니다.

디지털세가 도입되면 해외에 더 많은 세금을 내는 국내 기업이 일부 생길 수 있지만, 그보다 우리나라에서 수입을 벌어들인 만큼 제대로 세금을 내야 하는 해외 기업이 훨씬 더 많을 겁니다. 우리 정부의 세금 수입이 예전보다 늘어날 거란 예측이 가능하지요.

지금까지 의견을 나눠 주신 두 분께 감사드립니다. 이제 마칠 시간이 되었는데, 각자 마무리 발언 해주시죠.

디지털세는 그동안 조세 회피를 해온 글로벌 IT 기업의 불공정 행위와 독점을 막아 새로운 산업의 성장을 이끌 수 있는 좋은 제도입니다. 디지털세 도입은 결과적으로 전체 산업 구조를 공정한 방향으로 이끄는 데 도움이 된다고 생각합니다.

 디지털세의 목적은 이해하지만 결국 그 세금 부담과 피해는 소비자에게 돌아갈 수밖에 없어서 불공정을 바로잡는 데 큰 도움이 되지 못할 거라고 생각합니다. 더구나 IT 기업이 많은 미국은 국제 무역에서 다른 나라에 불이익을 주어 자신들의 손해를 떠넘기려고 할 수도 있습니다. 결과적으로 디지털세는 우리나라 경제에도 큰 도움이 되지 못할 것입니다.

1. 책의 내용을 보며 다음 빈칸을 채워 보자.

- (   )은/는 여러 나라에 계열 회사를 두고 생산, 판매, 서비스 활동을 하는 기업을 말한다. 글로벌 기업이나 초국적 기업이라고도 부른다.

- 구글이나 넷플릭스 등 거대한 인터넷 기업이 각 나라에서 상품을 팔아 얻은 수익에 대해 세금을 낼 때 서비스가 실제로 제공되거나 소비되는 국가에도 납부하는 세금을 (   )이/라 한다.

- (   ) 기업이란 인터넷 공간에서 생산자와 소비자를 연결하는 기업을 말한다.

- 회사가 사업을 하여 일정 기간 동안 벌어들인 순이익에 부과하는 세금을 (   )이/라고 한다.

2. 토론 내용을 보고 찬성과 반대 입장의 주장과 그 근거를 간단히
   정리해 보자.

- 디지털세 도입을 해야 할까?

- 찬성

- 반대

3. 디지털세 도입에 대한 나의 생각을 정리해 보자.

- 나는 디지털세 도입에 대해 _____
  라고 생각한다.
  왜냐하면

4

취약계층 빚 탕감, 공평한 제도일까?

**취약계층의
빚을 탕감해 줘야 한다**

**취약계층의 빚을
탕감해 줘서는 안 된다**

미국의 전설적 기업가 크리스 가드너의 경험담을 소재로 한 <행복을 찾아서>라는 영화가 있습니다. 1980년대, 의료기기 세일즈맨인 크리스는 의료 시설을 돌아다니며 영업하지만 물건이 잘 팔리지 않고, 결국 집세가 밀려 길거리로 쫓겨나고 맙니다. 어린 아들과 지하철 화장실에서 잠을 청하는 주인공을 보면 아무리 애를 써도 경제적 어려움을 벗어나기 힘든 처지의 사람들이 존재한다는 사실을 깨닫게 됩니다.

크리스처럼 경제적으로 흔들리면서 의식주를 제대로 해결하기 어려운 상황에 놓이는 사람들이 있습니다. 생활비나 주거비를 해결하기 어려우니 일상생활을 꾸리기가 힘들고 취업하기도 곤란한 상황에 처합니다. 이런 사람들을 '취약계층'이라고 부릅니다. 이들은 급한 상황을 해결하려고 은행이나 대출 기관에서 돈을 빌렸다가 갚지 못해 더 큰 어려움에 빠지기도 합니다 대출한 원금과 이자를 갚지 못하면 불이익을 감당해야 하기 때문입니다. 갚아야 할 돈이 불어날뿐더러 일정 기한 내에 돈을 갚지 못하면 '신용 불량자'가 될 수 있습니다. 신용이란 돈을 빌려 쓴 후 약속한 대로 갚을 수 있는 능력을 말합니다. 신용 불량자는 보통 금융 기관에서 대출을 받거나 신용카드를 사용한 후, 대출금이나 카드값을 일정 기간 동안 갚지 못하고 밀린 사람을 말합니다. 신용 불량자가 되면 대출이나 신용카드 발급이 어려워지고 은행 계좌를 만들거나 이용하는 데 제한을 받거나 취업할 때 불이익을 받을 수 있습니다.

우리나라 사람들의 가계 빚이 늘고 있다

최근 빠르게 늘어난 우리나라 가계 빚이 사회 문제로 떠올랐습니다. 2023년 12월 기준 국제금융협회의 발표에 따르면 우리나라 가계 빚은 1,798조 원으로, 국내 총생산 대비 106.7퍼센트로 나타났습니다. 선진국 클럽이라고 부르는 OECD 회원국 중 1위에 해당하는 수치이며, 전 세계에서도 2위에 해당하는 수준으로 매우 높습니다.

통계에 따르면 2010년 말 843.2조 원이던 부채가 2023년에는 1,900조 원에 가까워졌습니다. 14년 만에 두 배를 훌쩍 뛰어넘은 것입니다. 우리나라 전체 평균으로 따지면 2023년 3월 말 기준 한 가구당 부채 액수가 9,186만 원이라고 합니다. 우리나라 전체 가구의 평균 자산이 5억 정도임을 감안하면 결코 적은 금액이 아닙니다.

사람들의 빚이 왜 이렇게 많이 늘어났을까요? 2010년대 이후 경제 성장의 속도가 느려지고 경기가 나빠진 데 그 원인이 있습니다. 특히 2020년에 코로나19로 자영업자들이 큰 타격을 입었습니다. 장사가 안 돼 임대료를 내지 못하거나 생계가 어려워진 가게들이 늘어나면서 자영업자의 빚이 평균 1억 2,000만 원에 이르렀습니다.

경기가 나빠지니 일자리를 잃거나 임금을 제대로 받지 못하는 노동자도 늘고 있습니다. 정규직과 비정규직의 임금 차이도 큽니다. 우리나라의 비정규직 비율은 OECD 평균의 두 배가 넘는 30퍼센트에 육박하는데, 2022년 기준으로 임금이 160만 원 정도 차이가 난다고 합니다. 이렇게 소득이 불규칙하거나 적어지면서 생활형 대출을 받는 사람들이 늘어나고 있습니다.

금리 변화가 빚을 늘리기도 한다

이런 상황에서 돈을 빌릴 때 적용하는 이자율의 상승으로 돈을 빌린 사람(채무자)의 빚 부담이 더 커졌습니다.

이자란 돈을 빌려준 쪽(채권자)이 그 대가로 채무자에게서 받는 돈을 말합니다. 은행은 개인이나 기업에 돈을 빌려주고 이자를 받아 수익을 얻습니다.

각 은행은 중앙은행(한국은행)에서 정한 이자율의 기준인 기준 금리에 따라 이자율을 정합니다. 금리는 대출을 할 때 가격과 비슷한 기능을 합니다. 마트에서 물건 가격이 저렴하면 부담 없이 집어 들듯이, 개인이 대출을 받을 때도 금리가 낮을수록 부담이 줄어듭니다. 가령 1년 대출 금리가 5퍼센트일 때 1,000만 원을 은행에서 빌리면 매년 이자를 50만 원씩 내야 하지만, 금리가 2퍼센트일 때는 매년 이자를 20만 원만 내면 됩니다. 반면 금리가 높으면 저축했을 때 받는 이자가 늘어나니 자연스럽게 저축률이 높아집니다. 그래서 경기가 나쁠 때 중앙은행은 일부러 기준 금리를 낮춥니다. 사람들이 저축을 줄이고 대출을 늘려 시중에 도는 돈이 늘어납니다. 덕분에 소비와 투자가 늘어 경기가 살아나지요.

우리나라의 기준 금리는 2020년에 0.5퍼센트까지 낮아진 적도 있습니다. 코로나19로 경제가 악화되어 일자리를 잃거나 장사가 잘되지 않아 경제적 어려움을 겪는 사람들이 늘어났고, 경기가 침체할 위험이 있었습니다. 소비와 투자를 늘리기 위해 긴급 처방으로 금리를 내렸던 거지요.

그러나 기준 금리가 낮아지면서 통화량(나라 안에 도는 화폐의 양)이 늘어나 화폐의 가치가 떨어지고 물가가 오르는 문제가 생겼습니다. 이를 안정시키겠다는 의도로 중앙은행에서는 기준 금리를 올렸습니다. 이에 따라 은행의 대출 금리도 올라가면서 돈을 빌린 사람들이 매달 부담해야 할 이자 액수도 늘어났습니다.

늘어난 개인의 빚 부담

집값이나 물가가 오른 현상도 빚 부담을 늘리는 데 큰 몫을 했습니다. 집값이 높을수록 집을 사기 위해 대출을 많이 받아야 하는 상황이 벌어집니다. 집값이 3억 원일 때와 10억 원일 때 집을 사고픈 사람이 빌려야 하는 대출 금액은 다를 수밖에 없습니다. 오른 집값만큼 대출을 받아야 하는 금액이 늘어나지요.

한편 부동산이나 주식, 가상 화폐 등에 쏠린 과도한 투자 현상을 채무 증가의 원인으로 보는 견해도 있습니다. 이런 자산들의 가격이 올라가면서 '영끌족'과 '빚투족'이라는 말이 유행하기도 했습니다. 영끌족은 '영혼까지 끌어모아' 집을 사기 위해 전 재산과 대출을 동원한 사람들을 말하고, 빚투족은 '빚 내서 투자'하는 사람, 즉 주식이나 가상 화폐에 투자하기 위해 대출을 받은 사람들을 말합니다. 이렇게 대출을 받아 투자하는 사람이 늘수록 개인의 빚 부담이 커질 수 있습니다.

취약계층의 빚을 갚아 주면 나라 경제에 도움이 될까?

빚이 늘어나 형편이 어려워진 취약계층을 돕기 위해 우리나라에서는 개인회생제도 등 빚 부담을 덜어 주는 제도를 운영해 왔습니다. 코로나19로 경기가 나빠지고 가계 대출이 더욱 늘어나자 우리 정부도 취약계층의 빚을 탕감하는 정책을 새롭게 내놓았습니다. 2022년 정부는 약속 기한보다 90일 넘게 돈을 갚지 못한 소상공인, 자영업자를 대상으로 빌린 원금의 60~90퍼센트를 깎아 주는 '새출발기금'을 발표했습니다. 신용 평점이 낮은 청년의 이자율을 30~50퍼센트까지 깎아 주는 신속채무조정 청년 특례 제도도 마련했습니다.

그런데 이 정책을 비판하는 목소리가 나왔습니다. 신용이 낮은 청년의 빚을 30~50퍼센트 깎아 주는 프로그램 때문이었습니다. 코로나19 이후 빚을 내 무리하게 가상 화폐나 주식에 투자했다가 실패해 빚을 갚지 못하고 신용이 낮아진 청년들이 있는데, 그들의 빚을 정부가 왜 깎아 주냐는 불만이 사람들 사이에서 터져 나왔습니다.

이뿐만 아니라 새출발기금 제도도 논란이 되었습니다. 정부에서 그동안 실시해 온 빚 탕감 정책보다 지나치게 높은 비율로 대출 원금을 깎아 주니 불공정하다는 의견이 나왔지요. 성실하게 일하며 빚을 갚는 사람들이 억울해할 것이라는 주장도 이어졌습니다. 정부의 선심 쓰기 전략 때문에 취약계층의 빚을 섣불리 탕감해 줄수록 나라의 살림살이에 부담이 가중될 것이라고 비판하는 사람들도 있었습니다.

그러나 빚 탕감 정책에 찬성하는 사람도 많습니다. 코로나19 이후 경제적으로 어려워진 사람들을 위해 국가가 사회 안전망을 만드는 것은 당연하며, 취약계층이 빚을 갚지 못해 더 큰 사회 문제가 생기기 전에 예방해야 한다는 주장도 이어졌습니다.

이러한 논란은 결국 국가가 쓸 수 있는 돈이 한정되어 있다는 희소성과 그로 인한 선택의 문제에서 비롯된 것입니다. 국민의 세금으로 마련되는 나랏돈을 무한정 쓸 수는 없으므로 한 분야에 돈을 많이 쓰면 당연히 다른 분야의 지출을 줄여야 하니까요. 그뿐만 아니라 개인이 선택해서 진 빚 부담을 국가가 도와주는 것이 공평한 제도인지, 이것이 나라 경제를 살리고 소득재분배를 하는 데 실질적으로 도움이 되는지에 대해 의견이 대립하고 있습니다.

주제 관련 핵심 용어 정리

✅ **취약계층** 자신에게 필요한 상품이나 서비스를 시장 가격으로 구매하는 데 어려움이 있거나, 일반적인 조건에서 취업하기 곤란한 계층

✅ **채무자와 채권자** 채무자는 돈을 빌려서 갚을 의무가 있는 사람을, 채권자는 돈을 빌려줘 갚으라고 요구할 권리를 가진 사람을 말한다. 어떤 사람이 은행에서 대출을 받으면 은행은 채권자가 되고 대출을 받은 사람은 채무자가 된다. 돈을 빌릴 때 채권자는 채무자가 돈을 갚을 능력이 있는지, 이자를 제대로 낼 수 있는지를 고려한다.

✅ **가계** 생활하기 위해 돈을 쓰는 소비 주체로서 가정을 이르는 말. 소득을 얻고 지출을 하기 때문에 경제 활동의 중요한 주체가 된다.

✅ **기준 금리** 국가의 중앙은행이 정하는 것으로 한 나라에 존재하는 다양한 금리의 기준이 된다.

✅ **개인회생제도** 빚을 진 사람이 자신의 경제 사정을 서류에 적어 법원에 제출하고, 법원의 허가를 통해 빚을 일부 줄여 주는 제도. 어려운 개인을 살린다고 해서 개인회생제도라고 부른다.

☑️ **신용 불량자** 돈을 너무 많이 빌려서 갚지 못하거나 갑작스럽게 일자리를 잃어 갚지 못하게 되어 신용 상태가 매우 나쁜 사람. 신용 불량자가 되면 집이나 자동차를 살 때 대출을 거절당하거나 신용카드를 발급받지 못하고, 해외여행을 가려면 보증인이 필요하다.

☑️ **도덕적 해이** 계약 이후 약속을 지키기 위해 최선을 다해야 함에도 불구하고 약속한 당사자 중 한쪽이 법적·제도적으로 책임을 다하지 않는 행위를 말한다.

"취약계층의 빚을 탕감해 줘야 한다"

---

1. 취약계층의 빚 부담을 덜어 주지 않으면
더 큰 사회 문제를 야기할 수 있다

로마 시대에는 빈곤층의 빚을 일정 정도 면제하거나 탕감해 주는 '안토니우스 법'이란 제도가 있었다고 합니다. 빚을 갚지 못해 평민에서 노예로 전락하는 사람도 있었는데, 안토니우스 법은 이렇게 억울한 상황이 생기지 않도록 도와주는 제도였지요. 중국 청나라 때는 빈곤층의 빚을 탕감해 주는 정책을 시행했다

는 기록이 있습니다. 가뭄과 홍수 같은 자연재해로 인해 빚을 진 백성들의 고통을 덜어 주기 위해 국고를 열어 빚을 탕감하고 식량을 지원하는 정책을 펼쳤다고 합니다.

　왜 오래전부터 각 나라에서 빈곤층의 빚을 탕감하는 정책을 펼쳤을까요? 취약계층에는 저소득자, 실업자, 장애인 등 경제적·사회적으로 어려움을 겪는 계층이 포함됩니다. 이들은 빚이 많아 생계를 유지하는 데 어려움을 겪고, 경제적으로 더 나쁜 상황에 처하기 쉽습니다. 정부는 이러한 취약계층의 빚을 덜어 주면서 그들을 보호하는 울타리 역할을 해야 합니다. 이들이 궁지에 몰리면 노숙자나 신용 불량자가 되어 빈부격차가 더욱 심해지고 사회의 안정이 흔들리게 됩니다. 취약층이 빚을 갚기 위해 불법적인 일을 저질러 범죄가 늘어나거나 자살처럼 극단적 선택을 하는 경우도 생깁니다. 가난한 이들의 불만이 커지면 사회 갈등도 심해질 수 있습니다. 따라서 이런 사회 문제를 해결하는 데 더 큰 비용이 들게 됩니다. 빚 탕감은 이러한 문제를 예방하고 비용을 줄이는 데 큰 도움이 될 수 있습니다. 정부가 취약계층의 빚을 없애거나 천천히 갚도록 도와주면 빈부격차로 인한 문제를 줄이고 사회 안정을 이룰 수 있습니다.

2. 가계 빚이 많아지면
국가 경제도 위험에 빠진다

취약계층의 빚 탕감에는 나라 경제를 살리려는 의도도 숨어 있습니다. 빚 부담에 시달리는 사람들은 경제적 여유가 없으니 빚을 먼저 갚아야 한다는 생각에 옷이나 신발, 음식 등을 제대로 소비하지 못합니다. 빚이 많으니 절약하는 게 개인에게는 합리적인 행동입니다. 하지만 국가 차원에서 지나친 절약은 문제가 될 수 있습니다. 소비가 줄어들면 기업이 애써 만든 상품이 팔리지 않기 때문입니다. 팔리지 않은 물건이 쌓이면 결국 기업은 상품 생산량을 줄이게 됩니다. 이런 상황이 지속되면 노동자를 해고하거나 신규 채용을 꺼리게 되고, 그러다 상황이 더욱 나빠져 기업이 파산할 수도 있습니다. 실직하거나 소득이 감소한 사람들은 돈 쓰기를 더더욱 꺼리게 되고, 소비가 줄면서 또다시 생산과 투자가 줄어들어 경제 사정이 나빠지는 악순환이 이어집니다.

피가 잘 순환해야 신체가 제대로 움직이고 건강하듯, 국가 경제도 소비와 생산, 투자 부문에서 돈이 잘 돌아야 제 기능을 할 수 있습니다. 개인이 주머니 사정에 맞게 절약하는 건 좋은 행위지만, 온 국민이 절약하면 국가 경제 활동이 위축될 수 있습니다. 빚을 갚지 못해 길거리에 나앉는 사람이 늘어날수록 나라 경제는 침체에 빠질 수밖에 없습니다. 가계 빚이 계속 쌓이다 많은 사람이 한꺼번에 파산하면 은행이나 주식 등 투자 기관에도 빚이 쌓여 나라 경제 전체를 위험하게 만들 수 있기 때문입니다. 이런 상황을 막기 위해 나라에서 취약계층의 빚을 미리 탕감해 주는 정책을 펼치는 것입니다.

3. 사회적으로 일어설 발판을 마련해 줄 수 있다

당장은 취약계층의 빚을 없애는 데 드는 돈이 아깝다고 생각할 수 있지만, 빚을 빨리 없애 주는 쪽이 오히려 나라 경제에 도움이 됩니다. 국가에서 빚을 탕감해 주면 취약계층은 경제적 제약을 덜어 경제 활동을 할 여력을 가질 수 있습니다. 빚 부담이 줄어 소비가 늘고 주거가 안정되며 자영업자는 가게를 운영할 수 있습니다. 덕분에 기업의 생산도 활발해지고 투자와 고용도 늘릴 수 있습니다. 나라 경제에도 도움이 되는 것입니다.

지난 18년간 서민채무지원의 도움을 받은 열 명 중 여섯 명이 남은 빚을 모두 갚고 경제적으로 다시 일어서는 데 성공했다고 합니다. 취약계층의 빚을 덜어 주는 정책이 실질적 효과가 있음을 보여 주는 사례입니다. 그뿐만 아니라 빚을 진 사람들이 결국 길거리에 나앉으면 국가에서는 더 큰 돈을 써야 합니다. 그것보다는 현재 시점에 빚을 깎아 주는 것이 오히려 최소한의 비용을 사용하는 방법일 수 있습니다.

반대

"취약계층의 빚을 탕감해 줘서는 안 된다"

1. 취약계층의 빚을 줄여 주면 도덕적 해이를 부추길 수 있다

개인이나 기관에서 돈을 빌린 사람은 계약에 따라 돈을 갚아야 할 법적 의무가 있습니다. 그렇지만 취약계층의 빚을 탕감해 주면 열심히 노력하지 않아도 금융 기관이나 정부가 대신 돈을 갚아 준다는 잘못된 인식을 갖게 됩니다. 이런 생각이 널리 퍼진 상태에서는 빚을 갚기 위해 노력하지 않거나 일부러 돈을 갚지 않으려고 파산하는 사람이 생길 수 있습니다. 금융 기관은 돈을 빌린 사람들의 이러한 행위를 일일이 확인하고 감시할 수 없으니 이런 분위기가 채무자들 사이에 더 널리 퍼질 수 있습니다.

결국 빚 탕감 제도는 오히려 빚을 갚지 않아도 된다는 생각을 심어 주어 도덕적 해이를 불러일으킵니다. 도덕적 해이가 나타나면 많은 빚을 지고도 갚지 않거나, 파산하고 빚을 피하는 사태가 벌어져 돈을 빌려준 은행이나 투자 기관의 부담이 커집니다. 결국 그 피해는 사회 전체가 부담하게 되지요. 취약계층의 빚 탕감이 도덕적 해이를 부추기지 않으려면 무턱대고 빚을 갚아 주기보다 새로운 일자리나 경제적 기회를 적절히 제공하면서, 빚을 갚을 수 있도록 이끌어 주어야 합니다.

2. 나라 살림살이에
부담을 줄 수 있다

빚을 탕감해 주려면 국가의 재정(나라의 살림살이에 쓰는 돈)을 써야 하는데, 이것은 국민이 낸 세금에서 비롯된 돈입니다. 나라의 재정도 정해진 양이 있어서 어느 한쪽에 돈을 쓰면 그만큼 다른 분야에서 돈을 쓰기가 어려워집니다. 2022년 정부가 취약계층의 빚 부담을 덜어 주기 위해 총 60조 원가량의 돈을 쓴 바 있습니다. 국가 전체 예산의 약 10퍼센트에 해당하는 금액으로, 국민의 삶의 질 개선을 위해 쓰이는 사회복지 예산의 약 37퍼센트(2022년 사회복지 분야 예산은 약 223조 9,000억 원)에 해당합니다. 취약계층의 빚을 깎아 주기 위해 사회복지 예산의 일부를 포기해야 하는 겁니다. 그뿐만 아니라 빚을 탕감해 주는 데 예산을 쓰면 국가 재정에 부담도 커집니다.

3. 돈을 성실히 갚은 사람에게 불공평한 제도다

형편이 어려운데도 불구하고 성실히 일해 돈을 갚는 사람들이 있습니다. 그런데 빌린 돈을 제때 갚지 못하는 사람들의 빚을 국가에서 덜어 주면 빚을 꼬박꼬박 갚은 사람들이 상대적 박탈감을 느끼게 됩니다. 특히 최근에는 높은 수익을 기대하며 빚을 내서 주식이나 가상 화폐 투자에 뛰어들었다가 오히려 손해를 보고 빚을 갚지 못하는 사람들이 많아졌습니다. 2022년 우리나라 정부는 청년층을 위해 신속채무조정 청년 특례 제도를 운영하기로 했습니다. 단기로 돈을 빌린 청년들의 이자를 깎아 주고 돈을 갚는 기간을 늘려 주는 등의 제도입니다. 만 34세 이하면서 신용 평점이 하위 20퍼센트 이하인 청년이라면 누구나 혜택을 받을 수 있었습니다. 이 제도의 목적은 정부가 청년을 다시 일어설 수 있게 만든다는 것이었습니다. 그렇지만 무분별하게 투자한 청년의 빚까지 갚아 주는 건 성실히 일하며 돈을 버는 사람들을 고려하면 불공평한 처사입니다.

본격 토론을 해봅시다

사회자   김지원   이형평

안녕하십니까. 오늘 '부의 불평등' 토론반에서는 '취약계층 빚 탕감, 공평한 제도일까?'라는 주제로 찬반 토론을 하겠습니다. 우리나라에는 경제 형편이 어려운 사람들의 빚을 덜어 주는 제도가 있습니다. 코로나19와 높은 금리 때문에 서민의 삶이 어려워지면서 2022년에는 취약계층의 빚을 덜어 주는 방안이 나오기도 했습니다. 이 제도에 대해 찬성과 반대 의견이 팽팽히 부딪히고 있습니다. 경제적으로 어려운 사람들의 빚을 덜어 주는 게 과연 공평한 제도일까요? 찬반 토론을 위해 김지원 씨와 이형

평 씨의 의견을 들어 보겠습니다. 김지원 씨가 먼저 발언
해 주십시오.

저는 취약계층의 빚을 나라에서 덜어 주는 제도에 찬성
합니다. 빚을 진 사람들 중에는 실업자, 저소득층, 장애
인, 노령층 등 일을 해서 먹고사는 데 필요한 만큼 돈을
벌기 어려운 이들이 있습니다. 소득이 낮은데 빚이 있
어서 생활이 어려운 사람들은 대출을 갚기가 어렵습니
다. 경제적으로 완전히 무너지면 신용 불량자가 되어 신
용카드를 발급받기 어렵거나 집을 구하는 데 필요한 돈
을 빌리지 못해 일상생활을 제대로 꾸리기가 힘들어집
니다. 최악의 경우 빚 부담 때문에 극단적 선택을 하거
나 범죄를 저지르는 사람도 늘어날 수 있습니다. 인천
의 소상공인 서민금융복지지원센터가 빚 부담으로 파산
을 신청한 549명을 대상으로 조사한 결과에 따르면, 이
중 "죽는 게 낫겠다 또는 자해하려 한다"고 답변한 비율
이 44퍼센트로 나타났습니다. 이런 상황에서 국가는 국

민이 최소한의 삶의 질을 누릴 수 있도록 도와주고 경제적·사회적 어려움에 처하지 않도록 보호할 책임이 있습니다.

국가가 취약계층을 보호할 책임이 있다는 말씀에 동의합니다만, 빚을 없애 주면 도덕적 해이를 부추길 수 있습니다. 나라에서 빚을 덜어 주니 최선을 다해서 채무를 갚아야 한다는 생각을 하지 않는 사람들이 늘어날 수 있습니다. 이런 사람들이 늘어나면 결과적으로 돈을 빌려준 은행이나 투자 기관의 자금 운영이 부실해집니다. 게다가 코로나19 이후 빚을 무리하게 내서 주식이나 가상 화폐에 투자했다가 취약계층이 된 사람도 있습니다. 집을 가진 청년들 중 자기 소득의 세 배 이상 빚을 진 이들이 21.7퍼센트에 달한다는 연구 결과도 있어요. 본인이 무모하게 투자해 진 빚을 탕감해 주면 성실하게 빚을 갚은 사람들은 억울한 마음이 들 겁니다. 형평성이 떨어지는 만큼 다른 국민들의 불만이 커질 수 있습니다.

이형평 씨의 의견에 동의할 수 없습니다. 왜 집을 가진 청년들이 빚을 많이 지게 되었겠습니까? 무모한 투자가 아니라 주택 가격이 계속 올라가니 빚을 져서라도 집을 사야 한다는 절박함을 느꼈기 때문 아닐까요? 그리고 취약계층에 대해 오해하고 계십니다. 빚투족 같은 사람들도 일부 있겠지만 주로 소득이 낮고 자산이 없는 사람들, 아직 사회적 기반을 다지지 못한 청년들이 많습니다. 이런 분들은 현실적으로 빚을 갚기가 어려우니 나라에서 도와주면 사회적으로 다시 일어나 제대로 경제 활동을 할 수 있습니다. 이런 방법은 나라 경제에도 도움이 됩니다. 만약 이들이 빚을 갚지 못해 경제적으로 무너지게 되면 사회 극빈층이 되거나 극단적 선택을 할 수 있습니다. 결국 사회가 불안정해지겠지요.

그렇다면 빚을 덜어 주는 데 드는 비용과 그에 따른 경제적 불안정은 어떻게 할까요? 2022년 우리나라 정부가 취약계층의 빚을 덜어 주는 데 쓴 돈이 60조 원입니다.

그해 사회복지에 쓴 예산의 37퍼센트에 해당하는 액수예요. 그 돈으로 경제 형편이 어려운 사람들을 지원하는 게 훨씬 낫지 않을까요?

취약계층이 완전히 무너지면 이들을 돕는 데 드는 비용이 더 많을 수 있습니다. 차라리 그전에 빚을 덜어 주면 이들이 다시 일어설 수 있고, 최소한의 비용으로 더 큰 손해를 막을 수 있어요. 또 결과적으로 나라 경기를 살리는 데에도 도움이 됩니다. 빚을 진 사람들은 생활이 어렵기 때문에 소비를 할 수 없습니다. 빚 부담이 줄어 사람들의 소비가 늘어나면 기업의 생산과 투자도 늘어나 경제가 살아날 수 있어요.

취약계층의 빚 문제는 다른 근본 원인이 있는 경우가 많습니다. 아까 말씀하셨다시피 빚보다 실업이나 질병, 낮은 소득 같은 원인이 있는데, 단순히 빚을 없애거나 깎아 주는 정책으로는 경제적 어려움을 해결하는 데 한계가 있습니다. 빚을 없애 주는 건 단기 정책에 불과해요. 소득을 늘려 주고 좋은 일자리를 만들어 주고 직업 교육을 제공하는 것이 근본 대책이라고 생각합니다.

네, 오늘 토론을 함께해 주신 두 분께 감사드립니다. 이제 마칠 시간이 되었는데, 각자 마무리 발언 해주시죠.

경제적으로 형편이 어려워 빚더미에 깔린 사람이 늘어날수록 사회가 불안정해지고 갈등도 심각해질 겁니다. 빚을 덜어 주는 것이 나라 경제를 위해서도 바람직하다고 생각합니다.

어려운 계층을 도와준다는 이유로 빚을 없애 주면 그걸 악용하는 사람들이 생기고 나라 경제는 더욱 어려워지게 됩니다. 빚 탕감보다 차라리 일자리를 구해 건실한 삶을 살 수 있도록 이들을 도와주는 것이 옳은 방법이라고 생각합니다.

1. 책의 내용을 보며 다음 빈칸을 채워 보자.

- (   )이/란 자신에게 필요한 상품이나 서비스를 시장 가격으로 구매하는 데 어려움이 있거나, 일반적인 조건에서 취업하기 곤란한 계층을 말한다.

- 생활하기 위해 소득을 얻고 지출을 하는 주체로서의 가정을 (   )이/라고 한다.

- 돈을 많이 빌리거나 갑작스럽게 일자리를 잃어 갚지 못하게 되어 신용 상태가 매우 나쁜 사람을 (   )이/라고 한다. 이 경우 은행 계좌를 만들거나 신용카드를 발급받기 어렵다.

- 계약 이후 약속을 지키기 위해 최선을 다해야 함에도 불구하고 약속한 당사자 중 한쪽이 법적·제도적으로 책임을 다하지 않는 분위기를 (   )이/라 한다. 나라에서 취약계층의 빚을 없애 주면 이런 분위기가 널리 퍼질 수 있다는 의견이 있다.

2. 토론 내용을 보고 찬성과 반대 입장의 주장과 그 근거를 간단히
   정리해 보자.

- 취약계층의 빚을 탕감해 줘야 할까?

- 찬성

- 반대

3. 취약계층의 빚을 탕감해 주는 문제에 대한 나의 생각을 정리해 보자.

- 나는 취약계층의 빚을 탕감해 주는 문제에 대해 _____
  라고 생각한다.
  왜냐하면

5

지하철의
노인 무임승차 제도를
지속해야 할까?

노인 무임승차를
지속해야 한다

노인 무임승차를
멈춰야 한다

오후 서너 시, 한적한 시간대에 수도권 지하철에서 심심찮게 노인들을 볼 수 있습니다. 노인들이 많이 모이는 탑골 공원에 가거나 여유롭게 지하철 나들이를 즐기는 모습도 눈에 띕니다. 가끔은 지하철을 이용해 꽃이나 택배 배달을 하는 노인도 볼 수 있습니다. 우리나라에서 이런 풍경을 볼 수 있는 건 노인 지하철 무임승차 제도 덕분입니다. 경로 우대 사상을 반영하는 제도인 동시에 노인들의 삶의 질을 높이는 복지 제도로서 역할을 하고 있습니다.

그러나 이처럼 좋은 취지로 시행되고 있는 노인 지하철 무임승차는 꽤 오랫동안 논란이 되고 있습니다. 모든 정책이 그렇듯 지하철 무임승차 혜택을 주는 데에도 비용이 들어가기 때문입니다. 특히 지하철 운영에 적자가 늘어나면서 이 제도를 아예 없애거나 비용이 덜 들어가는 방향으로 손봐야 한다는 이야기가 나오고 있습니다. 노인 무임승차 제도를 둘러싼 논란을 이해하기 위해서는 지하철 운영 적자 문제뿐 아니라 노인 복지를 둘러싼 생각 차이, 세대 간 입장 차이까지 살펴볼 필요가 있습니다.

노인 지하철 무임승차는 언제 시작되었을까?

노인 지하철 무임승차는 우리나라에서 오랫동안 이어져 온 제도입니다. 1980년 5월 8일 어버이날을 맞아 70세 이상 고령자에게 대중교통 요금을 50퍼센트 할인해 준 것이 그 시작이었습니다. 다음 해인 1981년 노인복지법이 제정되면서 법률상 노인의 기준이 65세가 되었고, 1984년 65세 이상 노인을 대상으로 지하철 완전 무임승차가 실시되었습니다. 당시 우리나라의 기대수명은 68.3세로, 65세 이상 인구는 전체 인구의 4퍼센트 남

짓이었습니다. 할인 혜택을 받는 노인 수가 많지 않았지요.

노인 지하철 무임승차는 왜 논란의 도마 위에 올랐을까?

의학기술이 발전하고 평균 수명이 길어지면서 무료로 지하철을 이용하는 노인의 숫자가 늘었습니다. 노인 인구 비중도 늘어나 2000년 우리나라의 노인 인구 비중은 7.2퍼센트, 2010년에는 10.9퍼센트, 2023년에는 19퍼센트에 가까워질 만큼 부쩍 높아졌습니다. 자연스러운 현상이었지만 그에 따라 지하철을 운영하는 데 적자가 나타나기 시작했습니다. 우리나라 지하철은 대부분 나라에서 세운 공기업에서 운영합니다. 지하철 선로를 깔고 역을 만들고 지하철을 사들이는 초기 비용이 워낙 많이 들어 아무나 손대기 어려운 사업인 데다, 국민에게 필수적인 공공 서비스를 안정적으로 제공하기 위해 나랏돈이 들어간 공기업에서 운영하는 것이지요.

　노인 인구가 늘수록 지하철 공사와 정부의 고민도 커져 갔습니다. 2023년 1월 전국 시도의회의장협의회는 늘어만 가는 무임손실액에 '도시철도 무임승차 손실 국비지원 촉구결의안'을 의결하기도 했습니다. 2017~2021년까지 전국 도시철도 운영기관의 연평균 당기 순손실액은 1조 3,509억으로, 이 중 약 41퍼센트인 5,504억 원이 무임승차로 인한 손실로 나타났습니다. 적지 않은 금액이지요.

더 큰 문제는 앞으로 나타날 것이라는 이야기도 있습니다. 출산율이 낮아지고 평균 수명이 늘어나면서 우리나라의 고령화가 빠르게 진행되고 있기 때문입니다. 이런 분위기 속에서 무임승차 제도를 손질해야 한다는 주장이 나오고 있습니다. 2023년 한 여론조사 기관에서 4,536명에게 무임승차에 대해 설문조사를 했는데, 지하철 노인 무임승차 제도를 개선할 필요가 있다는 의견이 60퍼센트에 달했습니다. 국민도 변화가 필요하다는 데 동의한 것입니다.

돈으로만 계산하기 어려운 노인 무임승차 문제

한편 노인 무임승차 문제를 적자 금액으로만 판단하지 말자는 주장도 있습니다. 무엇보다 신체적·경제적 이유로 대중교통을 이용하기 어려운 노인들에게 지하철을 무료로 타는 혜택을 주면 그만큼 노인 이동권을 보장해 줄 수 있고, 노인이 경제 활동에도 참여할 수 있다는 장점이 있습니다. 그뿐만 아니라 가난한 노인도 지하철을 이용하여 여가를 누릴 수 있습니다.

노인에게 무임승차는 복지 이상의 의미를 가진다는 의견도 있습니다. 2023년 9월 《뉴욕타임스》에는 우리나라의 무임승차 제도를 소개하며 70년간 함께한 아내가 2021년에 세상을 떠난 후 우울감에 빠져 한동안 씻지도 먹지도 못한 노인이 지하철 나들이를 하며 밥도 챙겨 먹고 잠도 잘 수 있게 되었다는 기사가 실렸습니다. 지하철을 한 번 타는 소소한 비용으로 노인의 삶의 질을 바꿀 수 있는 것이지요. 지하철을 무료로 이용하는 것이 노인에게 단순히 복지 이상의 의미를 가질 수 있다는 사실을 보여 주는 사례입니다.

노인 무임승차 문제를 바꾸는 방안

최근에는 다른 나라의 사례를 잘 살펴보고 지하철 무임승차 방법을 바꾸자는 이야기도 나오고 있습니다. 노인이 무료로 대중교통을 이용하는 시간대를 지정하거나 소득을 기준으로 혜택 범위를 다르게 정하는 나라도 있습니다. 영국에서는 60세 이상의 런던 거주민은 월요일부터 금요일까지 오전 9시~9시 30분 이후에 지하철, 철도, 버스를 무료로 이용할 수 있고, 사람이 몰리는 출퇴근 시간대에는 이용을 제한합니다. 일본에서는 주민세를 낸 70세 이상 고소득 고령자가 약 20만 원을 내면 대중교통을 1년간 무제한으로 이용하는 실버 패스를 살 수 있는데, 소득이 낮은 고령자는 약 1만 원으로 이 패스를 구입할 수 있습니다.

외국의 사례를 참고해 우리나라도 지하철 무임승차 연령을 65세에서 70세나 75세로 높이자는 의견이 있습니다. 월 단위로 무임승차 횟수를 제한하는 방안도 나왔지요. 반면 무료 승차 대상이나 횟수를 축소하면 비록 적자는 줄어들겠지만 노인의 이동권을 제한한다는 비판적 견해도 있습니다.

노인, 일반 시민, 정부의 이익과 손해가 관련되어 있어 다양한 의견이 부딪치는 만큼, 노인 무임승차 제도를 현실에 맞게 고치려면 먼저 사회적 합의를 이루어야 합니다. 다른 나라의 사례를 연구하고 당사자들의 의견을 고루 들은 후 결정할 필요가 있습니다.

✅ **노인** 국제연합(UN)과 우리나라의 노인복지법에서는 65세 이상을 노인으로 정의한다.

✅ **고령화** 평균 수명이 길어지고 출산율이 낮아져 노인 인구의 비율이 높아지는 현상. 국제연합 기준에 따르면 전체 인구에서 65세 이상이 차지하는 비율인 고령자 인구 비율이 7퍼센트 이상이면 고령화 사회, 14퍼센트 이상이면 고령 사회, 20퍼센트 이상이면 초고령 사회로 구분한다.

✅ **무임승차** 정해진 요금을 내지 않고 지하철이나 버스 등 대중교통 수단을 이용하는 행위. 노인이나 어린이, 국가유공자, 장애인 등은 국가에서 정한 법률이나 제도에 따라 무임승차가 가능하다.

✅ **공기업** 정부가 설립하고 운영하는 기업. 국민 생활에 필수적인 서비스를 제공하거나 국가 경제 발전에 도움을 주는 사업을 수행하기 위해 설립, 운영된다. 전기, 가스, 수도, 철도 등 특정 사업 분야에서 독점적 지위를 가진 경우가 많다.

☑️ **이동권**　국민 누구나 자유롭고 안전한 이동을 누릴 수 있는 권리. 국가는 교통 약자의 이동권을 보장하기 위해 교통 시설이나 공공시설에 편의를 제공한다. 여기에서 '교통 약자'란 장애인, 고령자, 임산부, 영유아를 동반한 사람, 어린이 등 일상생활에서 이동에 불편을 느끼는 사람을 말한다.

"노인 무임승차를 지속해야 한다"

1. 노인의 자유로운 이동과 사회 참여를 위해 반드시 필요한 제도다

노인의 지하철 무임승차는 교통비 부담을 줄이고 편하게 원하는 곳까지 자유롭게 갈 수 있는 이동권을 보장하는 정책입니다. 또 이 제도를 이용해 배달 같은 아르바이트를 할 수 있어 노인의 사회 참여와 경제 활동을 활성화할 수 있습니다. 이처럼 노인 지하철 무임승차는 노인의 이동권, 사회 참여를 돕는 제도이기 때문에 꼭 필요합니다. 단순히 적자라는 이유로 이 제도를 반대하는 것은 근시안적 시각입니다.

한국교통연구원이 2014년 발표한 바에 따르면 지하철 무임 승차 제도는 노인의 경제 활동과 이동량을 늘려 건강을 촉진 해 의료비를 절약할 수 있다고 합니다. 단순히 교통비가 아니 라 노인 복지의 관점에서 생각해야 할 문제인 겁니다. 또 여기 저기 구경을 다니며 인간관계를 맺고 외로움을 달랠 수 있기 때 문에 극단적 선택과 우울증을 줄일 수 있습니다. 무임승차 덕분 에 사회가 누리는 이득을 금액으로 계산해 보면 1년에 3,136억 ~3,361억 원(2012년 기준)이라고 합니다. 2020년 기준으로 환 산하면 1년에 약 3,650억 원 규모입니다. 지하철 적자 금액도 무시할 수 없지만 노인이 누리는 사회적 편익(이득)을 고려하면 무임승차 제도를 유지하는 것이 바람직합니다.

2. 지하철 적자의 근본 원인은
노인 무임승차 때문이 아니다

2023년 국토교통부의 연구 결과에 따르면 노인의 지하철 무임승차가 지하철 적자의 핵심 원인이 아닐 수 있다고 합니다. 열차는 승객이 많든 적든 일정 시간에 일정 횟수를 운행해야 하는 시설입니다. 무임승차로 승객이 많아진다고 해서 운행 비용이 크게 늘어나지 않습니다. 오히려 지하철 적자의 원인은 현재의 지하철 이용 요금이 운영에 들어가는 비용에 비해 비현실적으로 낮기 때문입니다. 이런 상황에서 무턱대고 노인 무임승차 제도를 없애거나 손질하자고 주장하는 건 부당합니다. 지하철 요금을 현실에 맞게 단계적으로 인상하거나 정부에서 지하철을 운영하는 지방자치단체에 더 많은 돈을 지원해 주는 것이 지하철 적자를 해결하는 방법입니다.

3. 노인의 경제적 부담을 덜어 주어
소득재분배 기능을 한다

경제 형편이 넉넉하지 않은 노인은 비용이 드는 자가용이나 버스보다 무료인 지하철을 이용하는 경우가 많습니다. 노인 무임승차 제도는 가난한 노인과 그렇지 않은 노인 사이의 경제적 격차를 줄이고, 경제 형편이 어려운 노인의 삶의 질을 높이는 데 도움을 줍니다.

우리나라는 65세 이상 인구의 상대적 빈곤율이 2022년 기준 38.1퍼센트에 이를 정도로 노인 빈곤율이 높습니다. OECD 회원국 중 가장 높은 수준이고, OECD 평균인 14.2퍼센트의 세 배에 가까운 숫자입니다. 낮은 임금을 받으며 일하는 노인의 비율도 높습니다. 선진국에 비해 현재 우리나라의 노인 복지 제도가 미흡한 편이기 때문입니다. 노인 무임승차 제도는 이렇게 부족한 노인 복지를 보충하는 역할을 하여 사회적 연대를 강화하고 개인의 삶을 더 낫게 만듭니다. 지하철 무임승차는 노인을 대상으로 한 사회 안전망인 것입니다.

형편이 어려운 노인들은 대중교통을 마음대로 이용하기에

도 어려운 상황에 처하는 경우가 많습니다. 지하철 무임승차는 가난한 노인과 그렇지 않은 노인들 사이의 경제적 격차를 줄이고 경제적으로 형편이 어려운 노인들의 삶의 질을 높이는 데 도움을 줄 수 있습니다.

반대

"노인 무임승차를 멈춰야 한다"

---

1. 노인 무임승차는 오히려 세대 간 불평등을 키우고
사회 통합을 방해하는 제도다

노인 무임승차 제도는 겉으로는 노인의 이동권 보장이라는 복지를 지향하는 것 같지만 실제로는 세대 간 불평등을 심화하고 사회 통합을 저해하는 등의 문제점이 많습니다. 특히 저소득층 노인은 무임승차 제도보다 의료비나 생필품 지원, 주거 지원 등 더 실질적인 도움이 필요합니다.

그뿐만 아니라 노인 무임승차 제도는 젊은 세대에게 부담을 미루는 불공정한 제도입니다. 경제 활동을 하는 젊은 세대가 지하철을 이용하면서 노인들의 무임승차 비용을 부담하고 있습니다. 이 불공평 때문에 돈을 주고 승차권을 사서 이동하는 젊은 세대의 불만이 커지고 있으며, 이는 세대 간 갈등을 키우고 있습니다. 또 노인 무임승차 제도는 대중교통의 혼잡도를 높여 이용을 불편하게 만듭니다. 특히 출퇴근 시간대에 노인들의 무임승차 때문에 젊은 세대가 대중교통을 이용하기 어려운 상황이 만들어지고 있습니다. 따라서 세대 간 형평성과 사회 통합을 이루기 위해 노인 무임승차를 손질하거나 없애야 합니다.

2. 노인 무임승차는 지하철의 재정 적자를 만드는 주요한 원인이다

노인 무임승차에는 많은 비용이 들어갑니다. 2017~2021년까지 전국 도시철도 운영기관 연평균 당기 순손실액이 1조 3,509억 원인데, 이중 약 41퍼센트에 달하는 5,504억 원이 무임승차 때문에 발생했다는 보고도 있습니다. 문제는 이런 상황이 앞으로 더욱 심각해질 수 있다는 것입니다. 1980년만 해도 노인 인구 비율이 전체 인구의 약 4퍼센트에 머물렀지만 현재는 19퍼센트로 높은 수준입니다. 우리나라의 고령화가 빠르게 진행되고 있어서 2030년에는 전체 인구 세 명 중 한 명이 65세 이상 노인이 될 거라고 합니다. 이렇게 노인 무임승차 인원이 급하게 늘어나면 쌓이는 적자도 어마어마해질 것입니다. 이 문제를 해결하려면 노인 무임승차를 지속해서는 안 됩니다.

3. 노인들 사이의 빈부격차나 사회적 불공평을 줄이는 효과가 적다

노인 무임승차 제도가 모든 노인에게 공평한 혜택을 준다고 할 수 없습니다. 지하철은 형편이 넉넉하지 않은 노인뿐만 아니라 누구나 이용 가능한 교통수단으로, 소득이나 재산이 많은 노인도 그 혜택을 누릴 수 있습니다. 혜택을 받지 않아도 상관없는 노인들까지 무료 승차가 가능하니 적절하지 못한 곳에 비용이

들고 적자가 늘어나는 것입니다. 노인들 사이의 빈부격차를 줄이는 재분배 효과도 없습니다.

지역에 따른 차별도 문제입니다. 지하철이 다니는 곳은 대도시 지역에 있습니다. 도시에 살지 않거나 지하철 노선이 깔려 있지 않은 지역의 노인들은 애초에 지하철을 이용할 기회가 없습니다.

프랑스에서는 만 62세 이상 노인에게 대중교통 이용 요금 50퍼센트 할인 혜택을 제공하거나, 일정 소득 수준(월 소득 296만 원 기준) 이하인 경우 매달 대중교통을 이용할 수 있는 정기권을 제공합니다. 일본은 70세 이상 고령자를 대상으로 대중교통 정기권을 소득에 따라 다른 금액으로 판매합니다. 우리나라도 지하철 무임승차 제도를 운영하느니, 차라리 재산이나 소득을 기준으로 해서 무료로 대중교통을 이용하는 노인의 범위를 정해 지원하거나, 할인권을 지급하는 편이 좋다고 생각합니다.

본격 토론을 해봅시다

사회자　　　김실익　　　윤경로

 안녕하십니까. 오늘 '부의 불평등' 토론반에서는 '지하철의 노인 무임승차 제도를 지속해야 할까?'라는 주제로 찬반 토론을 하겠습니다. 우리나라 노인복지법 제26조 '경로우대' 제1항은 "국가 또는 지방자치단체는 65세 이상의 자에 대하여 대통령령이 정하는 바에 의하여 국가 또는 지방자치단체의 수송시설 및 고궁·능원·박물관·공원 등의 공공시설을 무료로 또는 그 이용요금을 할인하여 이용하게 할 수 있다."입니다. 이에 따라 현재 65세 이상의 노인은 지하철을 공짜로 이용할 수 있습니다. 현재 심각한 지하철 적자가 노인 무임승차 때문이라는 주장이 나오면서 이 제도의 유지 문제를 두고 다양한 의견이 부딪치고 있습니다. 이에 대해 찬반 의견을 펼치기 위해 김실익 씨와 윤경로 씨를 모셨습니다. 우리나라에서 실시하고 있는 노인 무임승차 제도, 적자인데도 불구하고 계속 유지해야 할까요? 김실익 씨와 윤경로 씨는 각자 의견을 말씀해 주시기 바랍니다.

 저는 지하철 적자를 만드는 노인 무임승차 제도를 바꾸어야 한다고 생각합니다. 이 제도가 시작된 1980년대에는 전체 인구 중 노인 비율이 4퍼센트에 불과했지만 현재는 19퍼센트에 이릅니다. 과거에는 큰 부담이 아니었지만, 평균 수명이 늘어나고 출생률이 갈수록 낮아지고 있어서 그 비율은 앞으로 더욱 높아질 것입니다. 2017~2021년까지 전국 도시철도 운영기관 연평균 당기 순손실액 중 약 41퍼센트가 무임승차 때문이라는 연구 결과가 나와 있습니다. 따라서 노인 무임승차 제도를 현실에 맞게 손질할 필요가 있습니다.

 과연 노인 무임승차가 지하철 적자의 근본 원인일까요? 2023년 국토교통부가 연구한 바에 따르면 노인의 지하철 무임승차가 지하철 적자의 핵심 원인이 아니라는 결론이 나왔습니다. 열차는 승객이 많든 적든 일정 시간마다 운행해야 하므로 노인이 무임승차를 한다고 해서 운행 비용이 크게 늘어나지는 않습니다. 무임승차 제도를 바꾸기보다 지하철 요금을 현실에 맞게 단계적으로 인상하거나, 정부가 지하철을 운영하는 지방자치단체에 주는 지원금을 늘리는 것이 지하철 적자를 해결하는 방법입니다.

 말씀하신 국토교통부 연구 결과에는 고령화 사회가 올 것으로 예상되므로 무임승차 제도의 지속 가능성을 검토할 필요가 있다는 의견도 덧붙어 있습니다. 2030년만 되어도 전체 인구의 세 명 중 한 명은 65세 노인이 될 거라고 합니다. 이런 상황에서 노인 무임승차 제도를 그대로 유지하다가는 지하철을 운영하는 공기업이 감당하지 못할 정도로 적자가 불어날 게 틀림없습니다. 문제가 더 커지기 전에 제도를 고쳐야 합니다.

갈수록 높아지는 노인 인구 비율만큼 심각한 것이 노인 빈곤율 수치입니다. 우리나라는 65세 이상 노인 인구 중 최저 생계비도 벌지 못하는 사람의 비율이 40퍼센트 정도나 됩니다. 시간이 갈수록 빈곤한 노인의 우울감이나 극단적 선택, 경제적 어려움이 큰 사회 문제가 될 겁니다. 노인 빈곤율이 이렇게 높고 노인 인구도 늘어나는 현실에서 노인 무임승차 제도는 노인 사이의 경제적 격차를 줄이는 데에도 큰 역할을 할 겁니다.

윤경로 씨 말씀은 맞지 않습니다. 현재의 제도에 따르면 소득 수준에 상관없이 65세 이상은 누구나 지하철을 무료로 이용할 수 있습니다. 노인 사이의 빈부격차를 줄이

는 기능이 애초에 없는 것이지요. 무임승차 혜택을 모든

노인이 보는 것도 아닙니다. 지하철이 깔린 일부 대도시

지역에 사는 노인들만 혜택을 보고 있지요. 버스를 타야

하는 지역의 노인들은 불공평한 상황을 겪고 있습니다.

이미 혜택을 받는 대상부터 공평하게 선정되지 않았는

데 노인 사이의 경제적 불평등을 줄이는 효과가 있을까

요? 노인 무임승차에는 소득을 재분배하는 기능이 적습

니다. 그보다 소득이 낮아 생활이 어려운 노인에게 의료

비나 생필품, 주거비용을 지원하는 게 당사자에게 훨씬

더 도움이 됩니다. 단순히 지하철을 공짜로 이용하는 것

이 주거비나 생활비를 지원받는 것보다 노인의 삶에 도

움이 될까요?

김실익 씨의 말씀과 달리 이 제도는 실제로 노인들에게

큰 도움이 됩니다. 2014년 한국교통연구원에서 발표한

바에 따르면 노인 무임승차 덕분에 생기는 사회적 편익

이 연간 3,361억 원이라고 합니다. 2020년 기준으로 하

면 1년에 약 3,650억 원 정도의 어마어마한 규모지요.

노인 인구 비율은 갈수록 높아지고 있지만 우리나라의 노인 복지 제도는 아직 턱없이 부족합니다. 지하철 무임승차는 노인의 자유로운 이동권을 보장하고, 노인이 경제 활동이나 사회 참여를 하기 쉽게 도와주는 역할을 합니다. 노인의 정신 건강을 증진하고, 의료비를 낮추며, 관광 산업도 활성화할 수 있습니다. 이렇게 사회적 편익이 큰데 단순히 지하철 공사의 적자가 쌓인다는 이유만으로 무임승차 제도를 없애는 것이 과연 전 사회적 차원에서 옳은 방향일까요? 그리고 노인은 우리나라를 발전시키는 데 큰 역할을 한 분들입니다. 이들을 소외시키지 않고 함께 연대하는 사회를 만드는 데에도 노인 무임승차 제도가 도움이 됩니다.

 사회적 연대를 말씀하셨는데, 지하철 공사의 적자가 쌓이면 노인이 얻는 편익보다 오히려 젊은 세대와 노인들 사이의 사회적 연대감이 무너질 가능성이 높습니다. 현재 지하철 운영 방식은 돈을 내고 지하철을 이용하는 승객들이 무임승차를 하는 노인들의 교통비용까지 부담하는 구조입니다. 돈을 주고 승차권을 사서 이동하는 젊은 세대의 불만이 커질 수밖에 없습니다. 더구나 출퇴근 시간대에는 노인들의 무임승차로 인해 혼잡도가 더 높아지기도 합니다. 오히려 사회 갈등을 조장하는 거지요. 세대 간 갈등이 더 커지기 전에 무임승차 제도를 손보아야 할 이유입니다.

지금까지 두 분의 말씀 잘 들었습니다. 긴 시간 함께해주신 두 분께 감사드립니다. 이제 토론을 마칠 시간이 되었는데, 각자 마무리 발언 해주시죠.

노인에게는 무료로 지하철을 타는 기회가 단순히 이득과 손해로 따지기 어려운 사회적·경제적 의미를 지닐 수 있습니다. 노인들이 동네를 벗어나 나들이를 할 수 있도록 해 문화생활을 향유할 기회를 제공하기도 합니다.

지하철 재정이 적자냐 아니냐를 따지는 데에서 벗어나 무임승차가 노인에게 갖는 의미를 생각하고 사회적 연대감을 키우는 방향으로 이 문제를 풀어 나가기를 바랍니다.

 제가 주로 비용 문제를 언급했지만 다른 차원에서도 문제를 바라볼 필요가 있습니다. 이런 식으로 지하철 경영 적자가 지속되면 결국 어느 누구도 혜택을 누리지 못하는 지경에 이를 수 있습니다. 적자 문제를 해결하는 게 시급한 만큼 세대 간의 심각한 갈등으로 번지기 전에 프랑스처럼 소득 구간에 따라 노인 무임승차 대상을 뽑아서 대중교통 이용권을 준다거나, 일부 시간대에만 무료로 이용하도록 하는 등 운용 방법을 바꿔야 한다고 생각합니다.

1. 책의 내용을 보며 다음 빈칸을 채워 보자.

- 국제연합과 우리나라의 노인복지법에서는 (   )세
  이상을 노인으로 정의한다. 우리나라의 지하철 무임승차 대
  상도 이 나이를 기준으로 한다.

- 평균 수명이 길어지고 출산율이 낮아져 노인 인구 비율이
  높아지는 현상을 (   )이/라고 하며, 이 때문에 앞
  으로 무임승차 적자가 더욱 심각해질 것으로 예상된다.

- 지하철이나 수도, 전기 등의 분야는 초기 사업 비용이 많이
  들고 국민에게 안정적으로 서비스를 제공해야 하므로 국가
  에서 (   )을/를 세워 운영하는 경우가 많다.

2. 토론 내용을 보고 찬성과 반대 입장의 주장과 그 근거를 간단히
   정리해 보자.

> - 지하철의 노인 무임승차 제도를 지속해야 할까?
>
>
> - 찬성
>
> _____
>
> _____
>
> _____
>
> _____
>
>
> - 반대
>
> _____
>
> _____
>
> _____
>
> _____

3. 지하철의 노인 무임승차 제도에 대한 나의 생각을 정리해 보자.

· 나는 지하철의 노인 무임승차 제도에 대해 _____
라고 생각한다.
왜냐하면

_____

_____

_____

_____

_____

_____

_____

자본주의 사회, 빈부격차는 당연한 걸까?

초판 1쇄 발행 2024년 5월 28일
초판 3쇄 발행 2024년 11월 10일

지은이 태지원   **펴낸이** 김종길
펴낸 곳 글담출판사   **브랜드** 글담출판

기획편집 이경숙 · 김보라   **영업** 성홍진
디자인 손소정   **마케팅** 김지수   **관리** 이현정

출판등록 1998년 12월 30일 제2013-000314호
주소 (04029) 서울시 마포구 월드컵로8길 41 (서교동 483-9)
전화 (02) 998-7030   **팩스** (02) 998-7924
블로그 blog.naver.com/geuldam4u   **이메일** to_geuldam@geuldam.com

ISBN 979-11-91309-66-9 (04000)
       979-11-91309-65-2 (세트)

만든 사람들 ―――――――――
책임편집 이경숙   **디자인** 손소정   **교정교열** 오지은

글담출판에서는 참신한 발상, 따뜻한 시선을 가진 원고를 기다리고 있습니다.
원고는 글담출판 블로그와 이메일을 이용해 보내주세요.
여러분의 소중한 경험과 지식을 나누세요.